人生の夏休み

~子どもと行く21日間ヨーロッパ旅行~

konishi keina

こにし桂奈

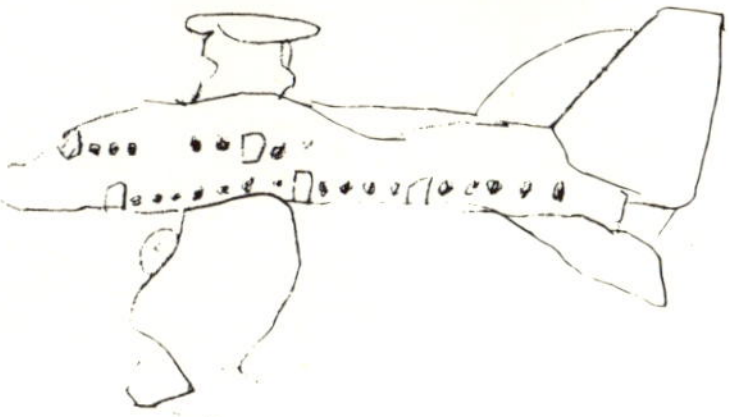

文芸社

人生の夏休み 目次

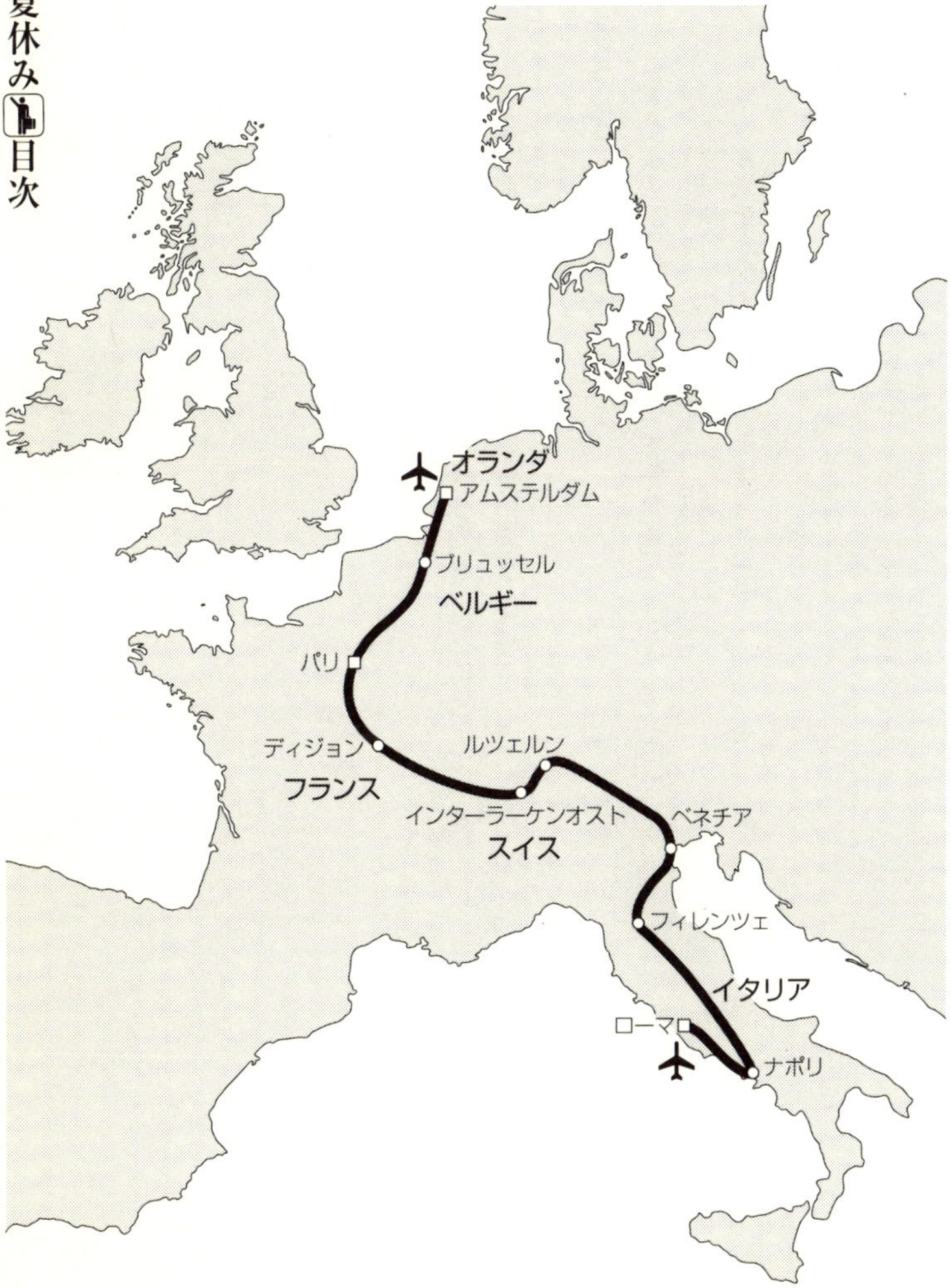
オランダ
アムステルダム
ブリュッセル
ベルギー
パリ
ディジョン
フランス
ルツェルン
インターラーケンオスト
スイス
ベネチア
フィレンツェ
イタリア
ローマ
ナポリ

郵便はがき

恐縮ですが
切手を貼っ
てお出しく
ださい

160-0022

東京都新宿区
新宿1－10－1
(株) 文芸社
ご愛読者カード係行

書　名			
お買上 書店名	都道 府県　　市区 郡　　書店		
ふりがな お名前		大正 昭和 平成　年生　歳	
ふりがな ご住所	□□□-□□□□		性別 男・女
お電話 番　号	(書籍ご注文の際に必要です)	ご職業	

お買い求めの動機
1. 書店店頭で見て　2. 小社の目録を見て　3. 人にすすめられて
4. 新聞広告、雑誌記事、書評を見て(新聞、雑誌名　　　　)

上の質問に1.と答えられた方の直接的な動機
1. タイトル　2. 著者　3. 目次　4. カバーデザイン　5. 帯　6. その他(　　　)

ご購読新聞　　新聞	ご購読雑誌

文芸社の本をお買い求めいただき誠にありがとうございます。

この愛読者カードは今後の小社出版の企画およびイベント等の資料として役立たせていただきます。

本書についてのご意見、ご感想をお聞かせください。 ① 内容について
② カバー、タイトルについて
今後、とりあげてほしいテーマを掲げてください。
最近読んでおもしろかった本と、その理由をお聞かせください。
ご自分の研究成果やお考えを出版してみたいというお気持ちはありますか。 ある　　ない　　内容・テーマ（　　　　）
「ある」場合、小社から出版のご案内を希望されますか。 する　　しない

ご協力ありがとうございました。


〈ブックサービスのご案内〉

小社書籍の直接販売を料金着払いの宅急便サービスにて承っております。ご購入希望がございましたら下の欄に書名と冊数をお書きの上ご返送ください。　（送料１回210円）

ご注文書名	冊数	ご注文書名	冊数
	冊		冊
	冊		冊

プロローグ

何もしないで生きてきた。何かしたらと言われてもできない理由をいつも言っていた。お金もないし、時間もない、そして勇気もないと。そんな人間だった。友人たちが働いて二、三年もすると会社を辞めて次々と海外に飛び出していくのをみても「よくやるなあ」と思うだけだった。

　私は無難に生きたいと考えていたので、二十代の頃は特に変わったことをすることもなく、人並みに仕事、結婚、出産と忙しく充実した日々を自分なりに過ごしていた。仕事は子どもが生まれる直前で退職した。当時は育児休暇制度もなく、私には子供を育てながら仕事をする自信も意欲もまったくなかったからだ。

　しかし人生のイベントである出産・育児が一通り終了して一息つくと、今度は自分が何もしていないのはつまらないように感じ始めた。さらにこのまま毎日、終わりのない家事をして人生を過ごしていくことに恐怖を感じることもあった。

　家事をすることは特に好きでも嫌いでもなかったが、毎日毎日同じことを繰り返していくのに息切れさえ感じるようになっていった。きれいに洗濯して畳んでタンスに入れた洋服は、また翌日着られて汚れ物になる。部屋は赤ん坊によって掃除した先から汚される。ひたすら穴を掘って埋めることを繰り返しているのと、そんなに変わらないようにさえ思えた。毎日が家事の繰り返しで過ぎていく。これで人生が終わってしまうのかと考えると虚しさが込み上げた。このままでは毎日が辛くなる。何かほかのことをして気を紛らわせなければならないと思うようになっていった。

趣味をしながら人生を過ごすにはまだ若すぎる。何かを始めてみても飽きっぽい性格なので、途中でつまらなくなってしまう。それにやりたい趣味もなかった。

そこでいよいよもう一度仕事をしようと思ったのは、息子幸裕（ゆきひろ）が二歳になる直前だった。

働いたほうがいいと考えたのにはほかにも理由があった。息子があまりにかわいいのでこのまま私一人で育てたらしっかり母子密着になり、まともに育たないのではないかと心配になったからである。時間的にも物理的にも少し離れたほうが息子もしっかりするのではないかと思った。一人っ子なので保育所で集団保育したほうが性格形成にもよいのではないかとの期待もあった。

といっても二年間も働いていないので、自分に何が出来るのかさっぱりわからなくなっていた。とりあえず働く主婦がたくさん紹介されている本を何冊か買ってきて研究を始めた。それを読んで思ったのは、私は会社の中で事務をやりたいということだった。そして丁度よい仕事はないかと求人広告を探したが、事務の仕事はどれも「女性事務員募集。要経験。二十五歳まで」なんて無理な応募要件ばかりだった。

年齢の壁とともに雇用形態の壁もあった。たとえ二十六歳以上の女性の募集があっても雇用形態はパートのみがほとんど。正社員の募集なんて皆無だった。新卒の時の就職活動もその後の転職も苦労した覚えのない私は、遅ればせながら二十九歳になってから女のセールスポイントは若さで経験なんて求められていないのだ、とやっと気がついたのである。

それに経験あるなんてお世辞にもいえなかった。出産で仕事を辞めるまでプログラマーだったので事務の経験もなかったのだ。

それでもまだ二十九歳なのだから何かあるのではないかと自分を励まし、ハローワークで失業手当てをもらいつつ、仕事探しに行くことにした。幸裕は幸いすぐ近くの私立保育園に欠員が出て、すぐに預けられた。入園料や保育料を払ったのでお金がなくなり、できるだけ早く仕事に就きたかった。

ところがハローワークでも年齢の壁は大きかった。不況のせいもあり、求人自体も少なく買い手市場なので働き手はいくらでも見つかるのだろう。気に入った仕事があって問い合わせてもらっても、年齢がオーバーしている場合には絶対二十五歳までという返事が返

ってきたりした。ハローワークの職員にも、

「ちょっと前までは多少の年齢オーバーなら断られることはなかったんですが、最近は一歳でも超えると駄目と言われることが多いですね」

と言われたりした。

派遣にも登録に行ってみたが、子供がいて残業はできないと告げると受付の人からは表情が消え、

「残業できないと紹介は少なくなります」

と言われてしまった。たまたま同じ時間に登録に来た人は結婚していたけれど子供はまだだったからだろう、登録終了直後にすぐに仕事を紹介されていた。それを横目で見ながら私は引き下がるしかなかった。派遣というのは広告で宣伝しているように、自分のライフスタイルに合わせて働きたいときに働けるシステムじゃないんだ、あれは大嘘だったんだと思い知った。ここでも世間の壁にあたってしまったと感じた。

とにかく経験もないくせに事務職で働きたかった。このことにだけはこだわって探し続けた。スーパーのレジ、販売員、デパートなどの接客業なら仕事はあるのだが、一日中立っている自信がなかった。土日に働くのも嫌だった。夜遅くなるのも嫌だった。本当に仕

事をする気があるのかと思われそうだが、単に体力に自信がなかっただけなのだ。レジが座って出来るのならやっていたかもしれない。でも深夜や早朝のお弁当づくりの仕事にはなぜか憧れた。子供が寝ている間に働けるのが魅力だったが、通勤できるところに仕事場がなかった。

毎朝幸裕を保育園に預けると九時にはハローワークへ向かった。幸裕が泣かずに預けられてくれたのは救いだった。

ハローワークには、私よりもずっと早く来ている人たちが大勢いた。求人票のファイルも奪い合いだ。しかし必死になって確保して中を見ても気に入った仕事はない。一通りファイルを閲覧すると家に帰る。一時間もそこにいない。通い続けて一ヶ月もたつと保育士さんまでが、

「早く見つかるといいですね」

と心配してくれるようになった。

ある日やっと納得のいく求人票を見つけた。家から自転車で通えて、事務職。資格はパソコン操作のみだ。プログラマーのほかにパソコンのセットアップやインストラクターをしていた私にはそんなに難しくないだろう。ただ気になったのはパート採用というところ

で、できれば正社員になりたかった私は電話で問い合わせた。しかし採用はパートのみとのことだった。すでに世間の不況を身にしみて感じていたのでそれで納得するしかなかった。パートの収入では保育園代を払うと三万円から五万円しか手元に残らない。それでも何もできない私では仕方がない、とにかく今は保育園代を払うためにもそして事務の仕事に慣れるためにも働くしかないと思った。応募者は他にも何人かいたようだが、情報処理の資格が功を奏したようで首尾よく合格した。そしてほぼ二年ぶりに昔のスーツを着て、出勤することになった。

仕事は週休二日で九時から十七時まで。入社してから知ったことだが、そこは祝日のある週は土曜日が出勤だった。私は休んだがこういうときはパートは便利である。地方に本社がある会社の営業所なので、社員が三人しかいなかった。女性は私一人だ。主な仕事は営業事務で、初めて見積書を作ったり、月次の営業報告書を作成したり、手形を受け取りに行ったりした。知らなかったことばかりだったのでそれなりに最初は面白かったが、コンピューターの仕事がないのは少し寂しかった。

プログラマーをしたほうが実入りのいいことはわかっていたが、始めてしまうと残業、休日出勤、徹夜になるのは避けられないので子供のいる身には無理だし、子供との時間をたくさんとりたかった。

幸裕は手のかからない子で、保育園にも喜んでとは言いがたい表情ではあったが嫌がらずに通ってくれた。病気もほとんどしなくて、熱までも休日に出してくれるほどで随分助かった。

保育園は数ヶ月後に費用の安い公立に運よく転園できた。だが私立ではお金を払って通わせるお客様だったのだが、今度は百八十度変わって預かっていただく立場になったことに驚いた。子供を預ける親たちが気を使い、あらゆる労力を提供しなければならない。つまりとても忙しくなったのだ。会社を出ると今度は保育園の仕事が待っているような状態だった。特に役員になった年は土曜日も会合で呼び出されて息つく暇もなかった。

仕事のほうは慣れてしまえば簡単だったが、それだけに物足りなさを感じるようになっていた。あまりにつまらなくて会社に行くのが毎朝辛かったほどだ。薄給ではあるがないと困る。いつになったら働かなくてすむのだろうとまで考えたり、もっといい仕事はないかと求人広告を読んだりしてみても、求人の状況は全く好転していなかった。

いやだいやだと思いながらも一年半ほど働いたとき、すぐ隣の会社で同じような事務のパートタイマーを探していることを知った。といっても最初は転職する気など全くなかったのだが、不思議なことに周囲が突然動き出したのだ。上司が辞め、社内がガタガタになり、私も落ち着いて働いていられなくなってしまった。パートなんて何かあったらまっさきに首なのだから今辞めたほうがいいのではないかと考え、試しに隣の面接を受けてみると運よく受かってしまった。今度は他に応募者がいなかったようだ。合格した後にパートバンクにあるこの会社の求人票を見に行くと、「事務アシスタント。英会話、パソコンできる人」となっていた。私は英語ができない。英語のことなんて一言も聞かれなかったのが不思議だったが、この求人票を読んだ上で応募してきたと思われたのだろう。口伝えに聞いたので応募資格まで知らなかった。

そして突然転職することになってしまったのである。しかしパートという形態に何ら希望をもつことができなくなっていた私は、一年で辞めるつもりでの入社だった。

今度の会社でも基本的な業務は同じだったが、こちらは商品をイギリスの親会社から輸入して、注文を受けたところに納品したり、請求書発行、売り掛け管理などの作業が加わった。アシスタントとはいっても、一連の作業は一人ですることになった。正社員は購入客からの技術的な質問のサポートをするだけだった。でも自分の裁量で値引き交渉に対抗したり、値段を設定したり、輸出入をしたりといろいろ任されたのが嬉しくて楽しく仕事ができた。

何よりもパートなのにイギリスからは一人前に扱われることが嬉しかった。なかでも一番驚いたのが、親会社のホームページで日本の販売窓口に私の名前が載っていたことだった。日本の会社ではパートの名前を担当として外に出すことなど絶対にないだろうし、何より相当の責任者を除いては個人の名前が表に出ることもほとんどないと思う。嬉しい反面、世界中の人が見る英語のホームページに名前が載ったことで、英語での問い合わせの電話が時々かかってくることに戸惑った。繰り返すが私は英語が全くできないのだ。そのような問い合わせ電話のほかに、親会社から毎日のように英語で電話がかかってくるのも冷や汗ものだった。電子メールでも英語を使わなければ発注やクレームに対応できない。英語のメールを一つ打つのに一日かかっていた。そこでいよいよ英語の勉強をしなければならないと本気で思った。まさか三十一歳になって英語の勉強をしなければならないなんて思いもよらなかった。英語だけは一生縁はないだろうとさえ思っていたのだから。

子供がいるので英語学校には通えない。そこでひたすら独学で勉強した。半年ほど続けると英語の電話が聞き取れる自分に気がついた。外国語は半年間触れていると突然わかるようになると昔聞いたことがあったが、海外に住んだこともない自分が体験できるなんて思わなかった。

とにもかくにも簡単な英語なら聞き取れるようになって、この会社で働き続けたくなり、入社して八ヶ月たったところでパートから正社員になることを希望し、そしてなれたのである。

正社員になると勤務時間は長くなる。保育園の閉園に迎えが間に合わないので近所の人に二重保育をお願いすることになった。私の代わりに保育園に迎えに行き、私が帰るまでの三〇分ほど預かってもらうのだが、幸いとてもいい人だったので安心して幸裕を任せられた。帰りの時間もそんなに気にせずゆったりと帰宅できるのも嬉しかった。保育園は六時には電気を消して門を閉めてしまう。それまでに迎えに行かなければならないプレッシャーは、すさまじいものがあった。でももうそんなに急いで帰ることもなく買い物もゆっくりとできる。それが嬉しかった。

会社は順調に大きくなっていき、社員は十数名になっていた。営業窓口をしていると朝から夜まで電話やメールやファックスで問い合わせや発注、納期催促、伝票処理が殺到し、それが毎日果てしなく繰り返された。しかし、そんな中でも新製品が出ると、どうやって宣伝しようかと考えるのは楽しかった。チラシを作ったり、海外から送られてくる販促用

ＣＤを入れる袋をデザインして、目立つようにしたりといろいろ考えた。売上げも入社したところ、年間八〇〇万円くらいだったのが、三年もすると三億円くらいになっていた。それを一人でこなしていた。

二年ほどたったところで経理を頼まれるようになった。入力業務だけなのだが、初めて経理をするのでそれなりに張り切って勉強もしたりした。でも営業と並行して行うのはなかなか難しかった。平日は販売業務で終わってしまうので、経理の締めが近づくと休日に出勤して経理の作業をしなければならないほどだった。でも仕事は楽しかったので全然苦にならなかった。

三年くらいたったところで今度は人事をやらないかと言われた。営業事務をやり、経理をやっていたのに人事まで加わってものすごい忙しさになった。しかしどうやっても時間的に無理があったので、営業は他の人を採用して任せることにして、やっと手が離れた。

人事の仕事は主に社員の採用だった。いくらでも人手は欲しいのだが、小さい会社にはなかなか応募者がいないのが悩みだった。たまに応募者がいても、面接なんてしたことのない、そもそも人事の何たるかもしらない私には、何を話したらいいのかもわからなかったが、人と話をするのは性に合っていたのかなんとかこなしていった。せっかく面接に来てくれて話をした人に不合格通知を出すのは楽しい仕事ではなかったが、こちらが求める能力のある人はなかなかいないのが悩みだった。広告を出しても求職者は来ないで人材紹介会社のセールスばかりが来て、契約書だけが増えていった。

そこでいかに優秀な候補者を集めるかが私の仕事になった。それまでは仕事というものは決められたことをいかに早く正確に終わらせるか、そして少しの工夫を加えてより良いものを出すのが仕事だと思っていた。だが初めて、自分で何か考えなければいけないと思った。広告を出す予算はないし、出してもいい人がくる確率は低い。

毎日別の仕事をしながらどうすればいいのかと思いあぐねていた時、ふと展示会で宣伝してみたらどうだろうと思いついた。丁度一ヶ月後に大きなトレードショーに会社が出展する。業界内の展示会なので不特定多数の業界関係者が来場する。自分たちのブースで宣伝すれば目に留まるのではないかと思いついた。お金もポスター一枚と配布するチラシを一〇〇〇枚作成するだけだったので、数万円で済んだ。

内容も自分で考えた。いきなり募集では面倒くさいと思われると足が遠のいてしまうので「会社説明会開催」として、気軽に申し込めるようにした。

驚いたことに蓋を開けてみると想像以上の反響ですぐに定員が埋まった。

説明会当日は会社のカルチャーを前面に出し、イギリスのティータイム風にケーキと紅茶を出して、ざっくばらんな雰囲気を作り、双方が発言がしやすいように工夫をした。結果としてこれがうまくいき、三名も同時に採用することができた。求人広告を出したり、紹介会社を通せば一〇〇〇万円近くかかったであろう費用もかからず、あらかじめ会社の雰囲気もわかってもらった上で入社してもらえたのもよかった。これらのような会社の収穫以上に私自身が仕事をするというのはこういうことなのだとわかった切っ掛けにもなった。

会社によっては社員に枠をはめ、仕事内容をマニュアル化したり、ガイドラインを作成してだれでもできるようにしているところが多いと思うが、この会社はこれらを極力排除して、社員のアイデアを取り入れていきたいというのが社長の方針だった。そのため入社した人は大まかな担当は決められるのだが、何をどうやるかは各自で考えてもらう。

会社の方向性が理解できていて自由に任されるのが好きな人はよいのだが、決められたことだけをするように求められてきた人はこの会社では指示がないので何をしたらいいのかさっぱりわからなくなってしまう。また何をしても自由だと勘違いしてしまう人もいる。だからできるだけ入社前に会社の方針を理解してもらったほうが入ってから戸惑うことも少ない。

　では私自身はというと、

「自分で考えてやっていいんだよ」

と言われてもどうしても過去の体験から自分の限界はすぐ目の前にあるのではないかと慎重になってしまっていた。

　そんな中で私のその後の方向性を百八十度変えさせるほどの強い衝撃を受けた社員研修があった。

　小さい頃から運動能力はまるでない自分がロッククライミングに挑戦して、しかも登りきったのだ。全員登らなければいけなかったのだが、運動能力ゼロの私はやりたくなかった。でも人事として研修を設定した身で嫌だとは言えず、思いきって挑戦した。結果、皆の下からの声援と指示を受けてすごい高さまで登り、ロープ一本で下まで降りられたのだ。多分身軽な人ならば、どうってことないのかもしれない。しかし今までする気もなかったうえに、どうせやってもできないと考えていた私にとって、自分で自分の限界を勝手に作ってその限界を超える試みさえもしていなかったのではないかと気がつくことになった。

「やればできる」と社員研修で社員には説明しておきながら、やっと心の中から「やればできる」と実感したのはこの研修のおかげだった。

個人に裁量を与えて、新しい発想を出してもらうことを重要視しているイギリスの親会社は、個人の待遇についても先駆的な取り組みをしている。その一つが四週間連続休暇が取れる「サバティカル」だった。本来は大学の先生や研究者が研究・学習のために取れる休暇らしいが、会社では特に休暇を何に使うかは自由で、入社後四年たったら全員が取得できる。

最初にその話がイギリスから伝わったときはまさか本当に休めるとは思っていなかった。海外では何週間ものバカンスは当たり前かもしれないが、日本では許されるとは思っていなかったからだ。だが親会社の人事役員が来日したときもサバティカルはいつ取るのかと聞いてきたり、海外から次々に、「サバティカルで休みます」という連絡が来て、もしかしたら日本でも取れるのではないか、人事としても積極的に取ったほうが皆が休みやすくなるのではないかといろいろ考えた末、思い切って休んでみようかとだんだん思うようになってきた。

そこでせっかくの四週間なのでまず何をするか考えてみた。最初は語学留学も検討してみた。子供もいたので一緒に行ければよいと思ったのだが、適当なコースがなかった。となるとやはり旅行になる。そこで常々疑問に思っていたことをこの際確認してみたくなった。ヨーロッパの国々や人々は陸続きなのにどうやって隣国とうまく共存し、自分たちの言語や文化を守っているのだろう。それをこの目で見てみたいと思ったのと、歴史的建造物や美術品を見てみたかったのでヨーロッパ大陸を縦断して周りたいと思った。そこで休みやすいように社長には十ヶ月ほど前からサバティカルを利用してヨーロッパへ行ってみたいと時々伝えた。

子供の学校があるときは私が家にいないわけにはいかない。そこで一緒に連れて行くことのできる夏休みに行くことにした。このとき幸裕は小学校三年生になっていた。夫は残念ながら休めないので留守番を頼んだ。本当は一緒に行ければよかったのだけれど。

夫にヨーロッパへ旅行をしたいと言ったら、

「ふーん」

と言う。いいとも駄目ともとれない返事だった。本当に行っていいのか不安だったが、義母や従妹に、

「今度ヨーロッパへ行くんだって」

と報告していたので行っていいのかと理解した。夫は結婚した当初から、私は一人でも大丈夫な女だと言っている人だったのでいつも私の行動を心配しない。

会社では四週間もの休暇をとるうえで、一番困ったのが経理の処理だった。毎月毎月経理は締めがあって、それも月に何回か休めない日がある。そこで出発前に払えるものは払ってしまい、月一の締めも早めに終わらせた。翌月はぎりぎりまで休暇をとって給料振込みと経理の締め処理に間に合うように戻るようにした。私がいない場合は人事も経理も完璧に止まるので、最悪の場合は社長に対応してもらえるようにお願いした。

九歳になった幸裕は、世間の子供並みにゲームに夢中だった。ゲームソフトやカードゲームは子供の欲望をそそるように次々とコマーシャルを流し、次々に新製品を発売する。しかも値段は子供のお小遣いでは買えない値段だ。子供は目についたものは全て欲しがる。いくら誕生日やクリスマスまで待てと言っても、最も話題がホットな時に持っていないとつまらないらしい。友達は持っているのに買ってもらえない自分のことを、

「僕って不幸だ！」

と、ことあるごとに騒ぐのには辟易した。

小学校一年から三年まで幸裕は学校が終わった後、私立の学童保育へ通っていた。そこ

は仕事を終えた母親が迎えに行くまでの間、勉強、サッカー、体操、英語その他いろいろ教えてくれるところだった。自分が働いていたので通わせたのだが、勉強はともかく、オーナーの人間教育が素晴らしかった。悪い子はいない。悪いのは親だというのが持論だった。またオーナーからは、

「世界には碌《ろく》に食事も取れずに餓死していく子供たちや学校にもいけない子供たちがいるのだから日本に生まれて学校に行けて、食べたいものを食べられる君たちは幸せだ。感謝しなさい」

と三年間言われ続けた。実際エチオピアの子供たちの支援もボランティアで行っていたので、ことあるごとにエチオピアの話を聞かされる。でも子供たちにとっては、遠い海の向こうの子供のことなんてどんなに大変か実感できない。それは仕方のないことだ。わがままを言ったときに、

「エチオピアの子供たちのことを考えなさい」

と言っても、

「はいはい。エチオピアね」

と軽く受け流される始末だ。たしかに身近に目に見える不幸な子供はいない。でもヨー

ロッパには日本人とは違う境遇で生きている子供たちがいるのではないか。その子供たちの姿をみれば、自分のわがままはわがままなのだとわかるのではないかと考えたこともヨーロッパに行く動機の一つだった。

そしてもう一つ。子供がいると何もしてはいけないと思っている人も多いように感じる。私が出産と同時に仕事を辞めたのは育児と仕事の両方を並行してしたくないだけだった。母親なのだから自分のやりたいことはガマンしなくてはいけないと感じたことは決してない。

再就職の時も自分で働きたくなったから探した。パートから正社員になるときも正社員のほうがよかったからで、夫からはパートでいいんじゃないと言われたがやりたいからと押し切った。社長からも、

「ご主人は許してくれているの？」

と聞かれたときに、どうして成人しているのに誰かの許可が必要なのかと不思議に思っていた。

「働くのは私です。夫ではありません」

と答えたがさぞかし生意気な妻と思われたに違いない。そう思われてもいい。夫は妻の

保護者ではない。成人しているのだから本人の意思は尊重されるのは当たり前だと思っていたが、世の中にはまだ妻は夫の保護下にいると考えている人たちが多いのだろうか。夫婦として相談をするのと許可を得るのは違う。もし自分に関する決定を他人任せにしている人がいたら是非自分で決めてもらいたい。反対されたらすぐにあきらめてしまうのか。自分が本当にそうしたいのか。最悪なのは反対される前に相手に反対されたくないからと、聞きもしないで止めてしまうことだ。子供のことをきちんと考えていれば母親だって自分の好きな人生を歩ける。歩いて欲しい。自分の愛する人がやりたいといっていることを反対する夫は生涯の伴侶の資格なしだと信じている。

四週間すべて行くとパスポートをなくすなど予定外のことが起きたときに余裕がなくて困るので、とりあえず一週間を予備日として期間は三週間で計画した。出発の約半年前から計画を立てたのだが、何しろ初めての個人旅行なので最初は勝手がわからず悩んだ。ツアーでいけるかと思って調べてみたが、三週間のツアーなんてあるわけなかった。そこでドイツに留学したことのある友人にどうすればヨーロッパを旅行できるのかと聞くと、「トーマスクック」というヨーロッパの時刻表が本屋に売っているから、それを使ってルートを調べれば旅行できると教えてくれた。早速本屋で日本語版を手に入れて読んでみるが、読みこなすまでに随分時間をかけてにらめっこをした。でも一ヶ月くらいあれこれ読み込んでみると、なんとか理解できるようになり、行きたい国の路線を選べるようになった。宿もユースホステルが一泊二〇〇〇円くらいで泊まれるのでそれを中心に計画を立てた。大体の予算の金額を計算すると七〇万円くらいで行けそうだ。これならなんとかなる。安い航空券を探したり、ヨーロッパ内の国鉄に乗り放題のユーレイルパスの情報をあつめたり、トラベラーズチェックの購入や現地通貨で引き出しができるシティバンクに口座を開設したり、ユースホステルの会員になったりといろいろ手配をしたが、一番戸惑ったのがユースホステルの宿泊予約だった。はがきで予約をするのだが送っても半分くらいしか返信がこない。イタリアは返事が皆無だし、ベルギーもこない。オランダ、フランス、スイスは返事がきた。国民性の違いなのか。またユースホステルは安いのだが立地が不便だったりするし、泊まりたい街にない場合もある。ホテルしかないところは、日本の旅行代理店で予約を入れておく。偶然だが、土日は大体ホテルやユースの予約は取れていた。これは後で随分助かることになった。

出発一ヶ月くらい前になると緊張までしてきたが、世界中を旅行している経験豊富な友人は何とかなるわよ、宿がなかったら駅で寝ればいいのよ、と励ましてくれた。これで気持ちが随分楽になった。ロッククライミングでもそうだったが、他人からの励ましは大きな力になる。応援というのは大切なもので、自分を応援してくれる人がいるのはありがたいとあらためて思う。

とはいえ、子連れなのであまり無謀なことはできない。いざとなったら高い出費も覚悟するしかないと心に誓う。

一週間前には、緊張のあまり中止してしまおうかとさえ考えるほど心が揺れたが、払ってしまったお金ももったいない。そんなわけでいろんな人に勇気づけられたり、自分で自分を励ましたりして出発の日を迎えたのであった。幸裕には、

「ヨーロッパへ旅行に行くよ」

とだけ伝えたが、子供なのであまりよく理解できていなかったようだ。遊び道具は何を持っていこうかと考えたり、夏休み期間を利用しての旅行だったので宿題をどうしようかと悩んだりしていた。毎日絵日記を書くんだよ、と約束をさせた。

一路ヨーロッパへ

オランダ

2001.7.23～24

早速トラブル

七月二十三日　晴れ　日本からオランダ　アムステルダムへ

朝五時半。予約していたタクシーで、住んでいる川崎から横浜シティエアターミナルへ行く。

道も空いていたので三〇分で着く。予定より早い六時〇〇分発のバスに乗れた。半分しか乗客はいなく、ゆったり座れた。バスは七時半に定刻で到着。予定より一時間早かった。レストランと無料の子供用プレイルームで時間を潰す。できるだけ幸裕を飽きさせないようにした。売店で何かの役に立つかもしれないと思ってきれいな和紙の折り紙を買った。

出入国カードが廃止されたのは嬉しい。それだけ時間と気持ちに余裕ができる。

座席は三人掛けの26AとB。Cにいた人がアムステルダムに住んでいたとのことで、いろいろな話をしてくれた。昔は家族でアムステルダムに住んでいたが今は一人でニースに住んでいて、たまたま日本の自宅からお嬢さんが嫁いでいるフランスへアムステルダム経由で行くところだそうだ。奥さんは日本に住んでいて別居なのだろうか。あまり詮索するのも気が引けたので聞かなかった。アムステルダムのことや、フランスの農家を宿にして旅行するグリーンツーリズムという制度を教えてくれた。それも是非行きたいものだ。

アムステルダムに到着すると突然お腹の調子が悪くなる。トランクを受け取る前に二回もトイレに行ってしまった。これが後になって、行っていて良かったとなる。私がトイレに行っている間に幸裕が貨物室から出てきたトランクを見つけていた。役に立つ子だ。

同じ飛行機の中で同じような母子連れの旅行者も随分見かけた。何組かいたが、その中の一組の母子に空港でトランクを待っているときに声を掛けられた。子供を二人連れていて、オランダ、ベルギー、フランスを二週間旅行するのだそうだ。でもその人はオランダに友人が住んでいて、その人に連れて行ってもらうらしい。軽く話をして名前も聞かずに空港で別れた。

空港からアムステルダム中央駅へ鉄道で行く（大人六・五〇ギルダー、子供二・五〇ギルダー）。三番線で待つが、時刻表示がなくていつくるのかわからない。空港でトイレに行っておいてよかった。最初は人がいなかったのだが、だんだん人が増えて混んできた。私たちがホームに来たときには行ったばかりだったのだろう。私たちの周りをうろうろする人がいてつい警戒してしまう。一五分〜二〇分待って、やっと電車が到着。とてもきれいな車輌だった。

アムステルダム中央駅は大きな駅だ。人もたくさんいる。インフォメーションセンターへ行くと四五分も待たされた。時間の予定が全く立たない。ここでトラム（路面電車）の十五回券を買う（一二・五〇ギルダー）。

駅前へ行ってトラムに乗る。アムステルダムはゴミだらけでびっくり。花と風車の美しい街のイメージが壊れてしまった。波のような人と車と自転車の流れの間をトラムは走っていく。私たちには自転車で街中を走るのは無理だろう。歩いていても自転車に轢かれそうだ。でも干拓地なのでどこまでも平らで走りやすそうだ。

ユースホステルへ着くと手続きの不備で予約がキャンセルされていた。ガーン！！！目の前まっくら。空きもない。一応交渉をしてみたが、相手にされなかった。

トボトボと表通りへ幸裕と向かう。時間は夕方五時過ぎ。天候が悪く、だんだん夕闇になってきて、風も冷たい。隣はフォンデル公園という大きな公園で人通りもあまりなく寂しい。どうしよう。初日からこんな目に合うなんて。でも私がしっかりしなくては。気を取り直してオランダのガイドブックを頼りにホテルを探す。幸い、すぐ近くのきれいなホテルで部屋を取れた。あー、よかった。ここに二泊することにした。でも値段が一泊二二五ユーロ（約二一、三七五円）。ユースホステルの十倍だ。すでに予算が狂ってしまった。でもこの際金額は我慢しよう。不慣れな土地で薄暗くて寒い中、さまよう元気も勇気もなかった。

夕食はホテルに入っているピザ屋で食べる（一〇・七五ギルダー）。疲れていたので夜はすぐ寝た。

劇的な再会

七月二十四日　曇りのち晴れ　オランダ　アムステルダム

朝三時半に目が覚めた。少し時差ボケだ。六時頃空が明るくなってきたので、幸裕と朝の街を散歩する。誰もいない街は清々しいが、やっぱりゴミだらけ。清掃車はゴミを集めに走り回っているが当然道の掃除まではしない。

六時半からホテルのレストランが開店するので少し待って入る。オランダはパンケーキが有名だとか。幸裕はイチゴのパンケーキを食べる。生のイチゴを薄くスライスして、生地と一緒に鉄板で焼いてある。宿泊代を随分使ったので私はパンとコーヒーだけの一番安いメニューにしたから食べられない。子供料金は安いのに、バイキング用に出されている料理はなんでも食べられる。自分の分を子供からもらうのはプライドが許さなかった。でも子供が残したパンケーキは少し分けてもらった。おいしかったけれどちょっと情けない。

まだ時間があったので自宅へ絵はがきを書く。

「パパへ　二十四日（月）

オランダは曇りです。無事ホテルへ到着しました。予定していたユースホステルは、確認をしなかったためにキャンセルされていました。でもすぐ近くのマリオットホテルが空いていたので二泊することにしました。幸裕はとっても元気です。朝食のパンケーキをニコニコして食べていました。街の人は親切で、駅や路面電車内でもやさしくしてくれます。小さい街なので歩いてどこでも行けそうですが、路面電車がとっても便利です。このあとアンネ・フランクの家と、観光地のザーンセ・スカンス（電車で七分）へ行った後、ゴッホ美術館へ行く予定です。またはがき書きます。桂奈より」

この後部屋で出かける支度をしているとき、幸裕がセーフティーボックスの番号を適当に押して開けられなくしてしまう。ホテルに連絡して開けてもらったが、本人はちょっとショックを受けて涙ぐんでいた。

「気にしない、気にしない」

と慰めつつ、その後観光に出発。朝からばたばたしてしまった。

アンネ・フランクの家へ行く。トラムで行きたかったがこの時間帯はなかった。歩いても三〇分くらいなので街を見ながら歩いていく。街には何重にも弧を描いて川が流れているので、いくつも橋を渡る。開館前の九時半には着くがすでにすごい行列だ。三〇分並ぶ(大人一二・五〇ギルダー、九歳以下無料)。日本人は私たち以外にいない。

中へ入るとアンネが生活していたそのままの建物内を歩くことができる。本棚の後ろの入り口は圧巻だ。本当に入れるとは思わなかった。ガラスケースに守られていて、どうせ遠くから眺めるだけだと思っていた。幸裕も、

「すごい」

と感動していた。コンピューターを使って説明を見ることもできる場所がある。ハイテクだ。

それから観光地のザーンセ・スカンスへ行く。鉄道と徒歩で四五分くらい。駅から歩いていくと途中にココア工場があって、すごい臭い。鼻の穴の中までココアの粉が入ったように臭い。途中で運河の上を歩く。ちょうど船が渡るところで橋が跳ね上がるところを見学する。暑い日差しの中をのんびり歩いてザーンセ・スカンスへ着く。ここは花と風車できれいだ。ゴミもない。風車の中にもお金を払えば入って見学できる。一通り見学してレストランへ入ると、行きの飛行機で話をした間宮さん一家と奇跡的な再会をした。間宮さ

んはオランダに六年住んでいるという安田さん一家と一緒にいて、こちらの家にお世話になっているという。安田さんはしっかりした気の良い人だ。間宮さんも気さくな人だ。一緒に食事をしながら互いの話をした。安田さんからはやっぱりパンケーキを勧められた。ここではベーコン入りのしょっぱいパンケーキにした。一緒に写真を撮り合ったり、土産物屋を回った。間宮さんはオランダの建物のミニチュアの置物や木靴を熱心に選んでいる。私はあまり最初からお金を使いたくなかったので買うのは我慢した。絶対に帰りに空港で買うわ、と心にちかった。安田さんは別れ際に連絡先を教えてくれ、何か困ったことがあったら電話をしてくれと言ってくれた。よい人に出会えて嬉しかった。

また歩いて駅まで行き、アムステルダムまで戻った。トラムでホテルの近くのゴッホ美術館へ行く。若いときは暗い絵ばかりだが、パリ、アルルとだんだん明るい絵になってゆく。

朝からたくさん歩いているので、もう足が痛くてホテルに帰る。幸裕はカードでデュエル（子供にブームのカードゲームのこと）しようとしつこい。少し休んでからすぐ近くにあるフォンデル公園へ行った。六時だというのに、日は高く、日差しも強かった。昨日とは随分違う。大きな公園で多くの人が寝そべって日向ぼっこをしている。奥のほうにあるレストランで食べようかと思ったが、写真のメニューを見ても食べられそうなものはない。ホテルへ戻る。途中で馬に乗って見回りをしている警官が二人いた。街中でも見た二人なので一日中アムステルダムの中を見回りしているのだろう。心強くて安心だ。

ホテルのピザ屋にまた入る。スパゲッティは一人前で二人分もある量で残してしまった。幸裕はキッズセットを頼んだがこちらはすべて食べた。それにしても、オランダでは日本ではいけないと言われていることをする国だ（すべてではないが）。マリファナが合法なので喫茶店に入るときは気をつけないとそれ用の店だったりする。売春も合法。飾り窓の女のいる通りは子連れでは歩けないので、地図で確認して歩かないように避ける。特に喫煙者天国だと思う。電車の中でもエレベーターの中でも吸える。お金をローラーで曲げてお土産にする。お金を加工すると日本では違法だ。赤ん坊が床を汚しても店員は平気な顔で掃除する（これは店員が不機嫌になる日本が特別なのかも）。これでも国としてやっていけるのだから、たいていのことは許しても何とかなるのだろう。安楽死もできるし。ところでオランダの消費税は一九％だ。ヨーロッパはやはり高い。

小便小僧と僕

ベルギー

2001.7.25 ～ 26

電車でドキドキ、道に迷ってフラフラ

七月二十五日　晴れ　ベルギー　ブリュッセル

ベルギーに向けて出発。オランダになじんだところだったので残念。ちょっと早いかと思ったが、一時間半前にホテルを出た。駅までは三〇分もあれば着く。しかしトラムは来ないわ、ユーレイルパスを〝バリデート〟するための窓口は見つからないわ（これをしないとユーレイルパスは有効にならない）、時間をとられて窓口に着いたときは九時一五分になっていた。予約したタリス（特急）は九時五五分発だから余裕だと思っていたら、その列車は運休になっていた！　こんなこともあるのか。窓口の人が、

「九時二三分か、一〇時二三分の各駅停車に乗って」

という。すぐ出発したかったので七分しかなかったが九時二三分に乗るために走る。二番線から十四番線まで遠かった。何とか乗れたが期待していた車輌ではなく、古くて汚かったのでがっかりした。すごく混んでいて立ってる人もいて落ち着かない。車内販売のコーヒーとワッフルを買う。幸裕はワッフルがおいしいとよく食べた。トイレはとても汚かった。一等車の料金を払っているのに損した気分だ。

特急は止まらないからと当初は降りる予定はしていなかったブリュッセル中央駅だが、

列車が止まったので降りた。一つ先のブリュッセル南駅が降りる予定だったがどちらからでもあまり変わらない。両替をして駅から外へ出たが、出口を間違えいきなり道に迷う。ベルギーは道が複雑なうえ、地図の目印である教会はいたるところにある。これでは目印にならない。石畳でできている坂と階段で重いトランクを引っ張るのは重労働だ。休憩する余裕もないので、飲まず食わずで一時間も彷徨《さまよ》った。我々が困っているのを見かねてお姉さん（多分私よりずっと若い）が声を掛けてきて道を教えてくれた。とてもやさしい。英語は話せないのでフランス語だ。私はフランス語はわからない。しかしなんとなく意味はわかった。彼女は我々の目的のユースホステルの場所は知らないということだ。でも助けてくれようとしたのはありがたかった。このような優しさでも十分応援になり元気が出る。

なんとかユースホステルへ自力でたどり着く。すでに満室で門前払い。オランダに続いてまただ。こちらは予約自体うまくできていなかったのでなんとなく覚悟はできていた。またガイドブックで近くのホテルを探し、飛び込む。フロントの人に、

「平日は部屋は空いているし、安い」

と言われる。平日でよかった。宿が決まってホッとする。途中でたくさんのカフェを見

かけたのでお茶を飲みに行く。こちらの人はものすごい暑さの中でも外でコーヒーを飲んでいる。幸裕はチョコレートアイス、私はチョコケーキとコーヒーを頼んだ。お腹がすいたので店内のショーケースで売っていたクロケットを一個買った。食べようと思ったらそれは油であげる前のものだった。幸裕が、

「色薄いのに、見てわかんなかったの？」

と突っ込む。私もそうかなあと思ったが、こういう色なのかと思ってしまった。仕方なく捨てることにした。昼食抜きだ。街を少し歩いて観光してみた。すると我々はずっと中央駅の周りをぐるぐる回っていただけなのがわかった。

夜はガイドブックでお勧めの店に行く。びっくりするような創作料理ばかりだった。私はそこでやっと念願のクロケットを食べた。どれもボリュームがすごく、味は大味だったが店員がいろいろ話しかけてくれて、とてもやさしくて、うれしかった。ただ期待はずれだったのがエアコンありの表示に引かれて入ったのにエアコンは動かさず、なんとわざわざ窓を開けてくれたのだ。こちらの人は自然の風が好きなのだろうが、ハエが何匹も入ってきて頭の上を飛び回るのには参った。これなら外のテーブルで食べたほうがよかったかも。

小便小僧としっかり小僧

七月二十六日　晴れ　ベルギー　ブリュッセル

朝、ホテルの部屋から街を見下ろすととても美しい街だ。見えるのはレンガの家、白い壁の家、石畳ばかり。一部普通のビルもある。街にはゴミ一つ落ちていない。ただし犬の糞はいっぱいある。

朝食後すぐ高台の最高裁判所へ見学に行く。ホテルから一〇分くらい坂道を登る。この通りはアンティークショップがずらりと並んでいる。いい感じの通りだ。最高裁判所の建物や街並みを眺めて、今度は違う坂道を降りる。途中でコンビニを見つけて水を買う。

ホテルに一旦戻る。小さい町なので行きたいところは大体がホテルの徒歩圏内なのが嬉しい。幸裕は部屋の掃除の人にプレゼントしようと空港で買った折り紙で鶴とインコを折り、私が書いたサンキューカードをつけて置いた。気に入ってくれただろうか。

その後、小便小僧へ向かって再出発。多分一五分くらいで着くところだと思うが、やはり道に迷う。観光案内板を見つけて場所を確認できた。随分離れたところに来ていた。案内板の地図を見て通りの数を覚えて幸裕が曲がり角を数えながら連れて行ってくれた。小便小僧の周囲は観光客であふれている。小便小僧は想像よりもはるかに小さかった。写真を何枚か撮り、隣の土産物屋で観光はがきと小便小僧のトランプを購入。このあたりの店の雰囲気は日本の観光地のそれと変わらない。

まっすぐ二、三分で街の中心であるグラン・プラスへ着く。周囲の建物すべてに細かい彫刻が施されていてすばらしい。どれも三百年以上たった歴史的な建造物ばかりだ。カフェでコーヒーを飲みながらしばらく周囲の景観を堪能する。幸裕は途中で買った飴が不味《まず》かったらしく、気分が悪くなったといってぐずっていたが、オレンジジュースを飲んでやっと落ち着いた。ゴブラン織りやレースの土産物屋がたくさんあるので覗くが欲しい商品がなかったので買わなかった。幸裕は猫の彫刻がされた小物入れを買う（四〇ユーロ）。

歩いて王立美術館へ行く。十五—十六世紀の絵はすばらしい。現代美術は期待していなかったが意外に面白かった。この美術館は休憩時間があり、途中で外に追い出される。暇つぶしに日本に絵はがきを出そうと思い、ホテルの人に教えてもらうと最高裁判所内に郵便局があると言われた。絵はがきを出すためにまた坂道を上る。はがきをポストに入れてから外の公衆電話で日本に電話をする。誰も出ないので留守電にメッセージを吹き込んだ。トントンと電話ボックスを叩く人がいるので、外を見ると警官が二人こちらを見ている。違法駐車の所有者かと疑われたようだ。この街はやたらとパトカーが走っていて違法駐車を取り締まっている。
また美術館へ戻って、残りの展示物を見る。夕食はホテルの近くを見てまわり、メニューが写真でわかりやすい店に入った。今度は伝統料理でおいしかった。
自宅への絵はがき
「今はベルギーのブリュッセルにいます。とても古い町並みで皆、外のテーブルでお茶を飲んでいます。オランダもベルギーも夏はやっぱり暑く、汗をかきます。でも皆、日の当たるところで熱いお茶を飲んでいます。道がとても複雑ですぐ迷ってしまい、十分くらいで行くところでも一時間くらいさまよってしまいます。幸裕は小便小僧の像をすっかり気に入ってしまったようです。周囲にはお土産屋がたくさんあり、中でも小便小僧のビールサーバーは大請けです（水ではなくビールが出る）。とても飲む気になりません。グランプラスという名所でコーヒーを飲み、王立美術館で芸術にふれたりとても楽しいです。でも全ての景色が芸術のような所なので歩いているだけでも楽しいです。随分迷ったおかげで色々な所に行けました。幸裕は私が方向音痴なのがわかって地図をみて連れて行ってくれるようになりました」

ルーブル美術館内「モナリザ」

フランス

2001.7.27 ～ 29

初めてのユースホステル

七月二十七日　曇りのち大嵐　フランス　パリ

今日はタリスでパリへ行く。やはりブリュッセル中央駅までの道で迷う。そのうえ通りがかりの人に、

「アムステルダム中央駅はどこですか」

と聞いてしまう。その人は少し考えてそこのブリュッセル南駅から電車に乗りなさいと教えてくれた。後で自分の言い間違いに気がついた。幸裕に、

「僕は方向音痴じゃないのに僕を産んだママがどうして方向音痴なの」

と言われる。

「パパが方向音痴じゃないんでしょ。パパの遺伝子だって入っているんだから」

と答えたが、私が道に迷うと幸裕は時々この質問をしてくる。ブリュッセル南駅に八時四〇分に着く。予約のタリスがくるまで一時間待ち。今度のタリスはきちんと走るようだ。やっときた絨毯敷きの一等車に乗る。客車内に客は四、五名しかいない。サービス係の女性は二人もいる。客だかなんだか区別がつかないほどリラックスしておしゃべりしている。隣の二等車はよく混んでいる。席に着くとすぐにお絞り、水、ジュース、果物、パン、ケ

ーキ、コーヒーを持ってきてくれた。嬉しくて写真を撮る。出発は三〇分遅れだった。すごく快適であっという間の二時間だった。こんなに快適なものをオランダからベルギーの間で乗りそこなったのは本当に残念だった。

パリ・ノード駅で両替をして、地下鉄のカルネ（一〇回券、五五フラン）を買う。これが後日大きな意味を持つことになるとは夢にも思わず、すぐに地下鉄でYH（ユースホステル）のある駅へ向かう。途中で一回乗換えだ。しかしヨーロッパの電車はどれも手動でドアを開けなければならない。子供には重い。それからパリでは、子供料金がないことも発見だった。今度は道が簡単で迷わずにすぐYHへ着いた。しかし受付の人の言っていることが全くわからない。一応英語を話しているようだが聞き取れない。なんとかチェックインを済ますが掃除のため二時間も待たされる。地下でビリヤードやアーケードゲーム機、有料インターネットができる。適当に遊んで、家にメールを打ったりして時間を潰す。幸裕は一人で有料ビリヤードをやるが、穴に落ちた玉がすぐに詰まる。そのつどそばにいたフランス人の青年が玉を取ってくれていた。ここで小銭をだいぶ使ってしまう。あまり現金は持ち合わせていない。タオルを買ったり、ジュースを飲んだりする。洗濯をしようとコインランドリーでコインを買うが、使い方がわからず洗濯しそこなう。

暇なので周りを見ていると、韓国人がとても多いことに気がついた。男三人または女三人でグループになっている。日本人もいるようだがこちらは一人が多い。白人は男女のカップルが多い。

飽きるほど待ってやっと部屋に入る時間になった。部屋に入る時渡された紙に書いてある暗証番号を打ち込んでドアを開けるのだが、どれを入れたらよいのかわからない。あれこれ押しても開かない。奮闘していると通りがかりの多分アラブ人であろう青年がこれを押すんだと教えてくれた。やっと中に入ると二人部屋だ。トイレは廊下で共同。シャワーとテレビは部屋についている。エアコンはないので蒸し暑くても我慢するしかない。

しかし夕方から雷と大雨になる。少し涼しくなった。七時に夕食のためレストランに行くと、ガラス製のドーム型の屋根がところどころ割れていて雨漏りしている。修理する気はないようだ。ぬれていないテーブルと椅子を選んで座る。でも料理はすばらしくおいしかった。幸裕はチーズバーガーを食べる。

周囲を見ると、いろいろな国から来ているようでいろんな人種が見られる。家族連れが多い。

シャワーに入るがドライヤーを持ってこなかったのは失敗だった。半乾きの髪の毛が爆

発しそうだ。夜、周囲の部屋、廊下からの騒音がすごい。若者の酒盛りだ。誰かが、

「うるさい!!」

と怒鳴る。あまり効果はないようだ。ホテルとはやっぱり違うんだなあ、とよくわかった。耳栓をして寝た。耳栓は旅行の必須アイテムだ。窓を打つ雨の音が心地よかった。

お金がない！

七月二十八日　晴れ　フランス　パリ

朝食のとき、ボランティアでヨーロッパに来ている二十二歳の日本人の女の子と知り合う。パリを観光した後、ドイツで農場の手伝いをするそうだ。楽しそうだ。向こうは向こうで、

「子供がいても旅行はできるんですね」

と感激してくれている。

今日は日本で申し込んだオプショナル・ツアーに参加する。地下鉄を三本乗り継いでツアー会社まで行く。バスは二階建てで見晴らしがいい。オペラ座、コンコルド広場、凱旋門、エッフェル塔などを見て回る。どこも人でいっぱいだ。

昼前でツアーは終わり。降りたところの隣の駅にルーブル美術館があるので行ってみる。だだっ広いところにすごい行列ができている。こんなに人がいるのかと驚いたが、よく見ると荷物のチェックを一人ひとり空港のように検査しているので時間がかかっているだけだった。中に入るとそんなに混んでいるようにはみえない。入場券を買う行列にまた並ぶ。入場料は四六フランもする。この時点であまり残金はなかった。

中はとても広い。そして通路が複雑でお目当ての絵にはなかなか着かない。随分歩いてやっと「モナリザ」を見る。別格扱いで展示されている。でも写真は規制がなく撮り放題。負けじと撮ろうとするが、背が低いので人の頭が邪魔だ。

他の絵を見て歩く。途中でお腹がすいたのでレストランでサンドイッチを食べる。ここでの支払いはカードにした。

最後にどうしても見たかったミロのビーナスを探すがなかなか見つからない。ここでも道に迷う。一旦出口を出て、再入場して見つけた。

四時間も歩いて足首が痛い。暑くて喉が渇く。水を買うが高いのに冷えていない。せっかく持ってきたユーロのトラベラーズチェックは使えないと断られた。お土産も買えなかった。

とにかく現金がないので、ルーブル美術館のそばのATMで現金を引き出そうとするが何度やっても引き出せない。暗証番号が違うのか。間違えていたら最悪だ。仕方なくYHへ戻る。夕食を食べようとするとお金が五〇フランしかない。カードは機械が壊れているというので使えない。トラベラーズチェックも駄目。円の両替はできないと断られた。いきなり貧乏になってしまった。最悪だ。フランスはユーロのトラベラーズチェックを扱ってくれないので当てにしていたお釣りも手に入らない。夕食は一人分五〇フランなので一人分だけ注文して、幸裕に肉を食べさせ、私は添えてあるサラダを食べる。強制ダイエットになる。部屋でテレビを見る。昨日と今日は柔道の世界選手権をやっていた。見ていると日本を思い出して心が和む。

母の浮気を心配する

七月二十九日　晴れ　フランス　ディジョン

YHは朝食がついている。一人五品目まで選べる。レジのようなところで係員が取りすぎていないかチェックする。係員の横には没収されたパンやバターが置いてある。そうしないと昼食や夕食用に皆持っていってしまうのだろう。夕食時もレストランで食べず、買ってきた水とパンを休憩場で食べている人をたくさん見た。この朝食のお陰でひもじい思いを続けなくて済んだ。

ＴＧＶに乗るため、ガレ・デ・リヨン駅に行く。地下鉄の回数券を買っておいてよかった。一文無しなので、これがなかったら地下鉄に乗れずに途方に暮れるところだった。ＹＨのあった町は本当に何もないところだった。レストランも喫茶店も雑貨屋も銀行もなかった。

リヨン駅はとても大きく銀行のＡＴＭがある。もう一度お金を引き出してみる。今度はお金が下ろせた。うれしくてさっそく桃のジュースを買った。冷たくて美味《おい》しい。そしてお金があるってすばらしいと強く思った。でも私があまりにお金がないと言っていたので、幸裕に妙な倹約精神がついてしまった。がぶがぶとジュースを飲むと、

「そんなにすぐ飲まないで大事に飲んで」

と怒る。ちょっと飲んでも、

「また飲んだ、こんなに飲んだ」

とうるさい。何も言わなくても心配してくれていたんだ。

予定の電車が来たので十三番線へ行く。ここでは自分で自分の切符に検札を入れる。指

定席に座ってしばらくすると、車掌がやって来て切符をチェックしていった。自分で検札のスタンプを押さないと叱られるらしい。何事もなく切符を返してくれたので、問題はなかったのだろう。トイレはボタンを押して開けたり閉めたりするのが珍しい。

国際列車の乗り継ぎ駅であるディジョンへはわずか一時間半。ディジョンはパリと違い、こぢんまりとした田舎風の町だ。どこも当然フランス語なので最初はとまどった。

駅のカフェで昼食をとる。幸裕はまたチーズバーガーにフライドポテト。私はホットドッグを注文するが、ホットサンドイッチが出てきた。トイレは暗証番号を入れて開けるので店員に聞く。入ると便座がなくてびっくりした。

駅から歩いて三分のところのチューリップをモチーフにしたかわいいホテルにチェックインした後、市内を散策する。インフォメーションセンターで町の地図をもらう。あとノートルダム寺院を見ておしまい。寺院の入り口に小さな男の子と女の子が立っていて小銭の入った紙コップを持っていた。施しを待っているのか。幸裕から見たら不思議な光景だったろう。日本ではまず見かけない。お金は入れずに通りすぎた。入れたほうがよかったのかはわからないがちょっと胸が痛んだ。

本当に小さな落ち着いた町だ。マクドナルドもあるが建物が周りから浮かび上がらないように、茶色しか使っていないし、看板も茶色で気がつかない。日曜日なのでほとんどの店が閉まっているせいか閑散としている。

ホテルに戻る。ホテルではスタッフが日本語で話しかけてきた。デビットさんという人で、

「困ったら言ってくれ」

と言われた。こんな小さな町の小さなホテルに日本語スタッフがいるなんて驚きだ。その意味でステキといったのに幸裕は、

「結婚しているでしょう」

と心配して言う。私が、

「パパのほうがかっこいいよ」

と言うと今度は、

「休みの日はゴロゴロしているのに?」

と面白いことを言う。

夕食はガイドブックに載っていた寺院近くの店に行くが定休日だった。町のシンボルであるふくろうの像をついでに見学しながらよい店がないか捜す。ホテルの食事は高い。駅

の方に戻り、たくさん人がいたPub Au Bur Bauへ入る。ディジョンの名物であるエスカルゴと牛すね肉のシチューであるコッコバンを食べる。美味！　フランスビールもおいしかった。

ユングフラウヨッホにて

スイス

2001.7.30 〜 8.2

スペイン人カップルにあてられる

七月三十日　晴れ　スイス　インターラーケンオスト

朝早めにホテルを出るが、なんと電車が五〇分遅れだった。ベルンで乗り換えの時間を一時間とっていたのに、電車が遅れたせいでなんと六分しかなくなってしまった。走ってなんとか乗れたが同じ乗換えの人たちもたくさん走っていて心強かった。

インターラーケンオスト駅に着くがものすごい日差しと暑さだ。スイスは寒いなんてとんでもない。電車の中からプールに入っている大勢の人を見た。

ＹＨへの道でも随分迷う。最初はまったく方向の違う道を酷暑の中、三〇分もトランクを引っ張って歩いてしまった。途中で気がついて、また駅まで戻ったりして無駄足をしてしまった。バスに乗り、おじいさんに教えてもらったりしてなんとかたどり着く。

ＹＨは湖と山のそばにある山小屋風の建物だった。三泊するのだが、最初の二泊は六人部屋だった。最後の一泊は別の部屋になるという。いずれにしても幸裕と同室なのでよかった。日本で調べていた時はＹＨはドミトリー（相部屋）は八歳以上だと男女別の部屋になるとのことだったので、幸裕は一人で大丈夫かどうかとても心配だったのだ。

部屋へ入ると男の人がベッドに寝ていてびっくりした。男部屋だったのかと思ったら同じベッドの奥に女の人が寝ていた。どっちなんだろう。しかし、このＹＨはオープンだ。部屋のドアに鍵がついていない。部屋にあるロッカーはコインを入れると鍵が掛かる。鍵を開ければコインは戻る。でもトランクが入る大きさではない。仕方がないのでトランクに鍵を掛けて、そのトランクにチェーンをつける。同室のカップルも貴重品をどうしようかと相談している。

一休みして早速探検に出かける。といっても建物内だけ。地下には無料ビリヤード台があって幸裕はまた遊ぶ。隣にはコインランドリーがある。庭に出ると卓球台やバドミントンの道具があって遊びには困らない。

すぐそばにブリエンツ湖があって人々が泳いでいる。本当に暑い。スイスへ入る前は、寒かったら着るものがないのでセーターを買わなければ、と心配していたのがおかしい。子供が湖で泳いでいるのを見ていて幸裕も足だけのつもりで入るが、大型の遊覧船が通り過ぎたとき大波がきて結局ずぶぬれになる。水着を持ってこなくて残念だった。

夕暮れになってきた時、同室のカップルが近くまでやってきてベンチに座り、パンとハムを取り出して食べだした。夕食のようだ。自分たちもＹＨへ戻り、夕食をとることにした。夕食はお米に芯のあるコンソメ味のリゾットでまずくて残してしまった。フランスでの食事はいつもとてもおいしかったので、そのギャップがショックだった。無料だからあまり文句は言いたくはないが。

世界には、赤ちゃんからおじいさん、おばあさんまで家族でこのようなところに泊まって旅行をしていることが、スイスのＹＨへ来てわかった。日本で言うところの民宿感覚なのだろう。六人家族なら丁度一部屋使うことができる。なかなかいいなと思った。

部屋に戻り、廊下にある共同のシャワーを浴び、寝る支度をする。困ったのはカップルがチュチュチュチュとキスをしていて終わらない。子供の目の前でどうしようかと思ったが、気が済んだのか別のベッドに分かれて寝てしまった。まだ八時なのに健全なカップルだ。幸裕にアイマスクも耳栓も必要なくてよかった。とりあえずホッとした。

自宅への絵はがきより

「パパへ、私たちはベルギーの後、パリ、ディジョン（仏）を経て、今スイスのインターラーケンにいます。ＹＨは相部屋で他の国の人と一緒です。幸裕は二段ベッドを喜んでいます。スイスは寒いのかと思ったら、山に登らなければとても暑く、ＹＨの目の前にある湖で泳ぐことができます。でも水着を持ってこなかったのが残念です。パリではお金がなくなってしまい、電話もできず、はがきも買えませんでした。幸裕はルーブル美術館でいろいろな作品にふれてよかったようです。ディジョンではエスカルゴに挑戦してみました。カタツムリなんて食べられるのかと不思議でしたが、とてもおいしくて感動しました。パリのＹＨはとてもボロボロで汚くて死にそうでした。もうＹＨは嫌だと幸裕は言うのですが、スイスのＹＨはとてもきれいです。なんとか泊まれそうです。ＹＨにはなぜかビリヤード台があり、幸裕は張り切ってやっています。どこへいってもやることは変わりません。」

トップ　オブ　ザ　ヨーロッパ

七月三十一日　晴れ　スイス　インターラーケンオスト

朝六時に目覚める。朝食は七時からだ。昨夜の夕食がまずくてほとんど食べられなかった幸裕は、お腹がすいたとすぐ食べに行く。朝食はまあまあだ。部屋に戻るとカップルはまだ寝ている。よく寝る。

八時にユングフラウヨッホへ向かって出発！　駅まで歩く。約三〇分ほど湖の横を歩く。

景色は美しく気持ちがいい。行きに一時間も迷ったのがバカみたいだった。

駅で切符とユングフラウ鉄道の本（日本語版）を買う。山のガイドブックかと思ったのに、パラパラと読んでみると鉄道を作った話だった。ホームでは「ユーレイルパスを持っていると切符が二割引」と書いてあるポスターを発見する。定価で買ってしまった！　残念。なぜ窓口の横に貼っていないのか？　子供の切符は山の写真入りの特別なケースに入れてくれる。

九時五分の電車に乗る。三つの電車を乗り継いで山の内部へ着く。こんなところによく鉄道を敷いたものだ。少しずつ温度が低くなっていったが終点にある展望台はガラス張りで暖かい。しばし雪山の景色を眺める。その後、氷の宮殿へ行く。万年氷をくりぬいた通路を通り抜ける。さすがに寒い。外に出るとあたり一面雪だ。スイスは夏と冬が一度に楽しめる素晴らしい国だ。そして日本の長野に似てなくもない。日本アルプスは、アルプスとつくだけあるとわかった。植物や空気がよく似ている。

山頂で電子メールが送れる。山の写真をつけて家に送る。すぐ読んでくれるかな。

帰りのケーブルカーの中で韓国人の女の人が声を掛けてきた。ツアーのガイドだという。その客車にいる人たちのほとんどが韓国のツアーグループだという。少し日本語を話す。

日本語の勉強をしたかったのか、子連れで旅行している私に興味があったのかはわからないが、しばらく英語と日本語交じりで話をした。

「どこへ行っても日本人ばかり」

と彼女は首をすくめる。私のほうはどこへ行っても韓国人ばかりだと思っていたので、互いにそう思うのだとわかっておかしかった。彼女は、

「パパは寂しくないか」

と気になっていたようだ。

韓国の人は皆少しの日差しでもサングラスを掛ける。私もサングラスを用意してきたのだが、幸裕がどうしても許してくれない。

「ママじゃなくなっちゃうから駄目」

と言う。私と幸裕は満席で座れなかったので座っている人たちの顔を見ながら立って乗っていた。すると、山の中から外へ出たときに強烈な日差しに見舞われた瞬間、ガイドさんからツアーの人たちまでほぼ全員が一斉にサングラスをすばやく装着した瞬間を見てしまった。まるで皆ウルトラセブンに変身するのではないかと思うほどだった。私は幸裕に、

「ほらね。皆サングラスを掛けてるでしょう。ママも掛けていい？」

と聞くがやっぱり駄目だという。

途中のクライネシャイデックからロープウェイまで一時間ほどハイキングする。とても天気がよくて、景色もきれいで空気も澄んで気持ちがいい。年をとって仕事を引退したらここまで山歩きに来たいと思うほどだった。でも少し歩き疲れた。山に登ってから、ずっと立っているか歩いているからだからだろうか。最初に見た案内板には、歩いて三〇分コースと書いてあったので気楽に歩き出したが、それはヨーロッパ人の長い足と力強い脚力を基準にしていたようだ。最後はハアハアと息を切らしながら、そして足を引きずりつつロープウェイにたどり着く。霧まで出てきて薄暗くなってくる。

ロープウェイはものすごい高さでとても怖かった。一緒に乗っていた小さな女の子は怖くて叫んでいた。

下に降りるとパターゴルフを見つける。幸裕はやりたいと言うのでお金を払って道具を借りる。普通のパターではなく変わりミニゴルフだ。一八コースもある。幸裕は喜んで二回もやった。私はとても足が痛くて早く帰りたかった。それに地上は暑すぎる。

インターラーケンオストに戻り、レストランを探したが駅前にはタイ料理の店しかなかった。幸裕はチャーハン、私はカレーを頼むが具が同じだった。味もパクチーという香草

ユングフラウヨッホの頂上から出した絵はがきメール

Jungfraujoch - Top of Europe,

31.Jul.2001

HELLO, IMA SWISS NO JUNGFRAUJOCH NI IMASU.YUKIHIRO MO GENKI DESU. HOTEL MO GOOD. MATA RENRAKU SHIMASU.

Keina & Yukihiro

Keina@hotmail.com

TO: KONISHI PAPA

xxxx@xx.xxx.xx.xx

の匂いが苦手で四苦八苦しながら食べた。そしてまた三〇分歩いて帰る。でもなかなか楽しい国だ。

人生の夏休み

八月一日　晴れ　スイス　インターラーケンオスト

今日は一日何も予定がない。二日かかる予定だった日程を昨日一日で終わらせてしまったからだ。まだ足が痛むので、もう一度ハイキングする気にもならない。幸裕は朝から泳ぎたがる。でも今日は部屋を替わらなければならない。

部屋を出る頃にやっと同室のカップルの男の方と話した。スペインのマドリードから来て、今日帰国するという。

ところで昨夜一一時頃、がたがたどやどやと入ってきた、またもやカップルがいた。この部屋はカップル部屋みたいだ。男同士で話しているのを聞くと昨夜来た人はアメリカのアリゾナから来たそうだ。女同士も気が合ったようで一緒にシャワーを浴びに行った。私には一言も声を掛けなかったのに。ちょっと疎外感。人種が違うからか子連れだからか。まあ、どうせ部屋も替わるのだからいいかと自分を慰めつつ、新しく言われた一九号室へ行く。今度は女部屋のようだ。でもベッドが二十一個もある屋根裏部屋。これではカップル部屋でも六人の方がよかった。二十一人も入るのに備え付けのトイレは一つだ。しかも三階で階段だし、面倒くさい。今度はロッカーもない。

午前中は自転車を借りる。三〇スイスフランも払ったがママチャリしか乗らない私は、マウンテンバイクなんて足が上がらない。幸裕の子供用自転車ならなんとか乗れる。幸裕にはこれでも大きいが、置いてある中では一番小さいという。そこで私が子供用に乗り、幸裕は後ろに乗ることにした。湖の周囲を駅と反対方向へ走る。あまり景色は変わらない。つまらないので途中で引き返して駅に向かう。駅前でお金を引き出し、スーパーで買い物をして、スーパー内の軽食コーナーで昼食をとる。近くの山に登れるケーブルカーに乗りたかったが、幸裕が嫌だと言うのでYHへ戻る。

YHで一杯五〇円のコーヒーと紅茶を飲んでから湖へ行く。

幸裕は半ズボン一枚になって泳ぐ。私はベンチでユングフラウ鉄道の本を読む。これがなかなか感動する内容だった。ものすごいお金と時間と信念であの鉄道はできたのだ。しかも完成してから百年もたっているなんてすごい。

美しい山と湖と楽しそうな幸裕を見て時間に追われることもなくのんびりしていると、

人生の夏休みのような気がして、今ここに自分がいることが夢のようだ。

休みとお金をくれた会社と、快く外国に送り出してくれた夫に感謝する。途中で辞めたいと思ったこともあったが、辞めないで働いてきてよかった、とこのとき本当に思った。

スイスの人は大型犬を連れてよく散歩をしている。当然のように、綱でつないでいない。しつけはされているのだが。湖で遊んでいた幸裕に一匹がじゃれつき、背中に乗られて水の中に倒され、硬いつめで背中を引っかかれてしまった。犬は無邪気に喜んでいるので怒る気にはならなかったが、幸裕はもともと犬が好きじゃないのにますます犬嫌いになってしまった。

夕食はスーパーで買おう思って、また自転車で向かったが閉まっていた。どうやら今日は建国記念日で祝日らしく、五時で閉まったようだ。張り紙はドイツ語で書かれており、気がつかなかった。仕方なく隣の駅のインターラーケンベェストへ自転車で向かう。行ってみるとパレードをしている。そしてすごい人出。こちらは繁華街で、店がたくさんある。マクドナルドを見つけて入る。食べなれているのでおいしい。外の土産物屋をながめて歩き、ナイフ屋に入った。幸裕には記念に万能ナイフを買い、幸裕の名前を入れてもらった。店員さんは幸裕に、

「あなたが使うの?!」

と驚いた。

YHでは同じ部屋に日本人の女の人がいて少ししゃべった。話をしているとルーブル美術館のそばのATMでお金が引き出せなかった話になり、同じ体験をしていることがわかった。やはり機械がおかしかったのだ。その人は三〇歳だがパリに留学するところで、その前に一ヶ月ほどスイスを旅行しているのだという。二人で盛り上がっていると他の人に外で話してくれとしかられた。日本語が耳障りだったようだ。隣のベッドにいたオーストラリアの大学生の女の子はサバティカルで旅行をしていると説明すると、目を輝かせて、

「すごい、すごい」

と感心してくれた。きっと彼女は純粋なサバティカルの意味だと受け取ったのだろう。

私の英語力では完全に誤解を解くのは難しかった。

夜はお祭りの花火が上がってきれいだった。日本の夏と同じ風景だった。

氷河期の名残のある町

八月二日　晴れ　スイス　ルツェルン

昨夜はお祭りのせいで隣の大部屋の男たちは、夜中一二時まで馬鹿騒ぎだった。おかげでよく寝られず、疲れが取れていない。くたくたの体でYHを出発してルツェルンへ向かう。また駅までトランクを引きずりながら湖の横の道を三〇分歩く。湖畔に建っているスイスの家は素朴で美しく、花の手入れが行き届いていていつまでも見ていたい。意外な発見もあった。お金持ち風の家の広い庭には、芝生のまんなかに松の木が一本植えられているのをよくみかけた。日本の庭のようだ。

歩いている道は、散歩とサイクリングのコースなのでいろいろな人とすれ違う。スイスの言語はドイツ語とフランス語だがこのあたりはドイツ語だ。狭い道をすれ違うときに譲り合うのだが、そのときはとりあえず、

「ダンケ、メルシー、サンキュー」

と三ヶ国語で礼を言う。多分どれでも理解できるとは思うが。

犬の散歩をする人はたくさんいるのに、犬の糞は落ちていないのが素晴らしい。道端には犬の糞を捨てるポストのようなものが立っていて、ご丁寧に糞を入れるビニール袋も備

え付けられている。これも高い税金のおかげなのか。

駅から電車に乗るが車窓から眺める景色は、山と湖と花で本当に素晴らしい。たっぷり二時間楽しんでルツェルンに着くが今度は大都会に思えた。すぐ駅前のホテルにチェックイン。ホテル内にマクドナルドがあったので昼食を食べた。その後氷河公園に向かう。しかしものすごい暑さで幸裕はぐずる。途中でスーパーに入り、水を買って少し休んだ。

坂道を一五分も上るが見当たらない。困っていると通りがかりの年配のマダムが声を掛けてくれて道を案内してくれた。これからスイミングに行く途中とのこと。いろいろ話したかったが、英会話力が追いつかない。五分ほど来た道を戻り、横道に入るとあった。わかりにくいところだった。ただ上ってきた道が観光コースから外れていたようで、お土産物屋が並んだ通りが駅の方へ続いていた。こちらを通ればわかったようだ。幸裕が水を飲みたいとぐずるので、スーパーによるために違う道を選んだのが原因だったようだ。案内してくれたマダムに感謝しつつ別れた。

まず「瀕死のライオンの像」を見る。写真の印象よりずっと巨大だ。それからお金を払って氷河公園に入る。氷河公園はこのあたりが氷河時代だったころにできたポットホールと呼ばれる岩盤に開いた巨大な穴を天然記念物として保存している。氷河と地面の間に押し込められた海流が渦を巻いて穴を開けたという。自然の力はすごい。外には大小さまざまなポットホールがあるのでそれを見学して建物の中に入る。ポットホールの模型や解説の展示、昔のこのあたりの風俗を再現した博物館になっている。

順路に沿って見学した後、外に出るともう一つ入り口がある。なかを覗くと鏡の迷路だ。せっかくだから入ってみたが、いろいろ迷って足が疲れる。幸裕ははしゃいで何度も行ったり来たりした。

外にはさらに展望台がありたくさんの階段を上って、景色を眺めて下りるともう足ががくがくになった。アイスを食べながら休んでいる間にも、幸裕はまた鏡の迷路に行った。まだいたがる幸裕を説得して、坂道を下り駅の方向に戻り、途中のスーパーで幸裕の水着を買う。役に立つときがあるのだろうか。

街は観光客でごった返していた。一生懸命歩いているとすぐに幸裕とはぐれそうになってしまうのだが、そうすると大きな声で、

「子供を置いていくな〜。僕はまだ子供なんだから！」

と叫びながら追いかけてくる。

街中のピカソ美術館に行く。中は絵よりもピカソの生前の写真がほとんどだ。デッサン

もたくさん置いてあり、奥さんをモデルにたくさんの絵を描いたことがわかる。作品も一部あった。どれも素晴らしい。幸裕は特に壁一面もある大型の抽象画が気に入って、

「素晴らしいね」

と感心して見ていた。ピカソがわかるとは。小さい美術館だが来てよかった。

十一日目ともなると疲れも出てきて、三時にはホテルに戻り昼寝をした。やはりゆっくり休むにはYHよりホテルのほうが静かでいい。ただとにかく暑いし、風もない。エアコンが欲しい。

夕食は隣のカフェに行く。外で排気ガスの風に吹かれながら食事。

夜も暑くて寝られない。テレビでジュラシック・パークを見て時間を潰す。

ゴンドラに乗る

イタリア

2001.8.3～12

水の都はやさしい

八月三日　晴れ　イタリア　ベネチア

朝、目の前の駅へ行く。キオスクを見ると日経新聞と朝日新聞が置いてある。なつかしく思い、高かったが日経を買う。どうせイタリアではスイスの小銭は使えないのだから全部使おうと思い、アイスティーも買う。

電車が来たので乗るが、私たちの名前の書かれた指定席にはおじさんが二人座っている。空いているのでこちらは近くの他の席に座る。この人たちはなぜわざわざ他人の名前が書いてある席に座っているのか。車内販売がくると、くだんのおじさんたちはコーヒーとクロワッサンを頼み、釣りはチップだと気前よく販売員に渡している。でも二人が座っているのは私たちの席よ。

ミラノで三〇分間乗り換え時間があったので両替をする。見ると一〇〇リラが一八円となっている。旅行雑誌では一〇〇リラは五円だった。一年前のレートだ。なぜ一年間で三倍以上になるのか不思議だ。電車に乗ってりんごジュースを買う。一・九五ユーロで三七〇〇リラだった。円にすると約三〇〇円と六〇〇円だ。この差はなんだろう。もしかしてこれが本当なら、差額を儲けられるのではないかと真剣に検討してみる。このことは最終日に計算方法の間違いだったと気がついたのだが、イタリアを旅行中この誤解が元で随分面倒くさいことになった。とにかく私はリラで支払うとユーロよりレートが高くてほぼ倍額を損すると思い込むこととなった。

「ベネチア・サンタルチア」駅に着く。今回の旅行の目的はまさにここへ来るためだったといってもよい。昔、飛行機の中でベネチアの紹介番組を見て以来、行ってみたい憧れの場所だった。まんまと飛行機会社の策略に乗ったわけだ。もっともそこの飛行機会社は今回まったく使っていないが。

海なのだろうが水は緑色だ。幸裕も水の色を見て、

「海じゃないね」

と醒めた科白《せりふ》を呟いた。

水の中から建物がそびえている。水の底は粘土質でそこにくいを打ちこんでたてているそうだが、よくこんな町をつくったものだと感心する。スイスでは自然に驚嘆したが、ここでは人工物に驚嘆する。

ホテルに行くには船に乗らなければならない。水上タクシーは高くてとても乗れない。水上バスの切符を買うが、これが一苦労だった。三回も片道切符、往復切符、回数券と買

い直した。その都度すごい行列を並び直してだ。窓口のおじさんは優しくて、いつも笑顔で払い戻しと買い直しに応じてくれた。気持ちが舞い上がっていておつりをもらい忘れ、しばらくして戻るとおじさんは私のおつりをしっかり握り締めて待っていてくれた。三回も切符を買い直した私たちの顔をしっかり覚えていてくれてニコニコとお金を渡してくれた。ありがとう。

船もどれに乗ればいいのかわからない。結局よくわからなくて乗ったのは遠回りのバスだった。なおかつ降りたかった駅のひとつ前で終点だった。一番観光客が多い、サン・マルコ広場に降りてホテルの地図を見ると驚いた。ほとんど道が書かれていない。サン・マルコ広場の横にホテルのマークが書かれており、距離感もわからない。目印もない。仕方なく広場の周囲を歩くことにしたが、トランクを引っ張りながら石畳とやたらある階段の橋を渡るのは大変だった。しかも迷路のように細い路地だらけ。おとぎの国の世界のようだ。暑くて喉が渇き、途中の店で水を買う。そこの主人にこんなに建物だらけで知っているかどうか怪しいので、期待しないで聞いてみると幸いなことに目指すホテルを知っていた。親切に地図まで描いてくれて、その通りに行ったらやっとみつかった。驚いたことにサン・マルコ広場のすぐ裏だった。

ホテルに入ると旅行会社の駐在員の人が我々を待っていてくれた。食事のおいしいところや得なゴンドラの切符のことを教えてくれて、

「何か困ったら電話をしてください」と番号を教えてくれた。

部屋に入ると幸裕が、

「蟻が歩いている！」

と騒ぐ。よく見ると古い漆喰のところどころに蟻の巣穴があって、小さな蟻がうじゃうじゃ歩いている。これでは部屋には食べ物は置けない。

「部屋を変えてもらおうよ」

としつこいので試しにフロントに言うが、

「ノープロブレム」

を繰り返すばかり。やっぱり。幸裕は、

「虫が心配で寝られないよ」

とぶつぶつずっと文句を言う。

水の都なので湿気がすごい。私は蒸し蒸しして暑くて寝られない。

自宅への絵はがきより

「パパへ、
今イタリアのベネチアにいます。よく聞くように風情豊かなところです。一番人の多いサン・マルコ広場からすぐのホテルですが、蟻の巣穴がたくさんあって行列を作って歩いています。ヨーロッパのホテルはエアコンがないようです。でもここはエアコン完備と書かれていたので安心していたら、扇風機がおいてありました。スイスでは美味しい食べ物がなかったのですが、イタリアでは期待できるようです。魚介類のマリネもイカ墨のスパゲッティもおいしかったです。でも物価が高くてちょっと食べたつもりなのに一万八千円ぐらい払いました。びっくりです。幸裕はこの街をとても気に入ったようです。きっといい思い出になるでしょう」

おとぎの町でゴンドラ

八月四日　晴れ　イタリア　ベネチア

朝から張り切って観光に出かける。まず絵はがきを出すための切手を買おうとするが、土産物屋では切手を売ってくれない。切手を探してさまよう。リアルト橋を眺めていると、カメラのシャッターを押してくれないかと外国の青年が頼んできた。押してあげてから、我々のカメラで我々も撮ってもらった。気の弱そうな青年で誰にカメラを安心して預けられるかいろいろな人を物色していたのに気づいていたが、我々が彼の目にとまったようだ。選ばれたのは光栄である。

おもちゃ屋で郵便局の場所を聞く。すぐ近くだった。行って見ると郵便局の建物はとても古い。郵便局用に建てたのではないのだろう。大きな吹き抜けのロビーがとても広く、窓口は隅のほうに小さくあった。切手を貼ってはがきを無事ポストに投函する。幸裕は道を聞いたおもちゃ屋におもちゃを見に行きたいという。私はガイドブックに載っていたベネチアンガラスのお店に行きたかったのだが、反対方向のおもちゃ屋へ行く。するとおもちゃ屋から道に迷ってしまった。ベネチアは道が複雑で方向音痴の私には辛い。建物もみな同じ外観なのでわかりにくい。結局目当ての店は見つからず、サン・マルコ広場の土産物屋がたくさん並んでいるところの小さな店で皿を買った。でもとても高い。ユーロだと安い（と誤解してる）のでユーロのトラベラーズチェックで支払う。ユーロを持っていてよかったとしみじみ思った。

広場には水がいつも出ている蛇口があって、皆ペットボトルに入れたり、コップで飲んだりしている。生水は飲めないと思っていたので驚いた。試しに飲んでみるととてもおいしく、ペットボトルに入れた。でもどこから湧き出ているのか不思議だ。

昼食はバーでハンバーガーとホットドッグを食べる。持ち帰りと店内で食べるのでは金額が違うが、足が痛くてどうしても座りたかったので高くても店内で食べるほうを選んだ。これまでの国ではアイスコーヒーはなかったが、イタリアにはあるので喜んで飲む。今まで飲みたくて飲みたくてたまらなかった。念願がかなって嬉しい。いつでもどこでもアイスコーヒーが飲める日本は本当にいい国だと思ったが、イタリアのアイスコーヒーも味に酷《こく》があっておいしい。

あまりの暑さと人ごみに疲れ、昼食後はホテルのロビーで休む。四時ごろにまた出かける。ホテルでゴンドラのチケットを昨日買ったので、夕食をとってから行くことにした。団体になるけれど、客引きによるゴンドラより格安だ。

集合時間は夜七時三〇分なので、夕食の後、土産物屋を眺めて時間を潰す。明日の朝は八時三〇分までにサンタルチア駅に行かなければならない。確実に行くにはどうすればいいか、あれこれ考える。ここに来るまで駅から一時間もかかった。迷っていたので実際は二時間。朝は電車に間に合うようにいかなければならないので迷っている余裕はない。水上バスに間違えずに乗れるだろうか。水上タクシーは七万リラもする。お金はそんなにない。いろいろ考えていたら時間になってしまったのでゴンドラに乗りに行く。一艘六人乗りで一〇艘くらい一緒に出航する。アコーディオンの演奏と生歌がとてもよかった。乗ってみるものだ。夕暮れのベネチアはとてもロマンチックだった。

ホテルの部屋に戻るとき、幸裕はやっぱり蟻の心配をしていた。

「殺虫剤を撒いてくれたかなあ」

と期待をする。部屋に入るとなぜか蟻がいなかった。幸裕は喜んでいたが、湿気がすごいので洗濯物があまり乾いていなかったことのほうが私は気になっていた。

洗練された町と陽気な老婦人

八月五日　晴れ　イタリア　フィレンツェ

八時三〇分の電車に乗るために七時にホテルを出る。朝食は七時半からだったが頼んでパンをもらい、ジュースを飲ませてもらった。水上バスでサンタルチア駅に行く。乗る前に本当にこれでいいのか躊躇していたら、横のおじさんが、

「これだよ」

と教えてくれた。私がどれに乗りたいのかよくわかるなあと驚いた。とりあえず半信半

疑で乗ったらちゃんと駅まで着いた。おじさんのことを疑ってまともにお礼を言わなかったので申し訳なかった。

電車の席は四人席で男性はユダヤの帽子をかぶったカップルが向かい合わせだった。青年は携帯電話でずうっと話をしていた。

「頼むよ。素敵なレストランを予約したいんだ。今夜だよ。素敵なレストランだよ。頼むよ。彼女がいるんだから」

と何度も繰り返していた。新婚旅行なのかどうかはわからないが、彼女のために必死なのはよくわかった。散々大声で電話を続けて、やっと予約ができて電話が終わったと思ったら二人ともぐっすり寝てしまった。

三時間程度の道のりだが飲み物とお菓子が配られる。お金を払おうと思ったら切符代に入っているという。ホテルでもらったパンを食べつつ暇を潰す。お菓子はレモンクリームをサンドしたクラッカーだった。コーヒーは濃いエスプレッソで、一口飲むと水を飲みたくなる。幸裕はジュースをもらう。

次の街フィレンツェは洗練された都会に思える。道も建物も大きく、全体にゆったりした印象を与えている。観光客もそんなに見当たらない。閑散とした感じだ。

駅を出てホテルを探す。ベネチアとローマ以外はホテルの予約は取っていない。本当はYHに泊まろうと思って予約のはがきを出していたのだが、イタリアからは一通も返事が来なかった。日本を発つ前には現地で探してみようと考えていたが、オランダへ行く飛行機の中で隣になった人に、イタリアのYHは予約を受けないと教えられた。イタリアでYHに泊まるには、当日朝から窓口に並ばないとだめだそうだ。というわけで、はなからYHはあきらめて利便のいい駅の近くで探すことにした。

まず三ツ星のホテルで値段を聞く。二二〇ユーロだ。高いのでやめる。二ツ星のホテルに入ると、受付けは英語がまったくわからない陽気な老婦人だった。何を言っているのかわからないが、一泊八万リラと安いので泊まることにした。このときおばさんは、

「クアトロ。クアトロ」

と盛んに繰り返していた。四だということはわかったが、何をいいたいのか意味がわからなかった。まあいいかと部屋に入る。建物も部屋もとても清潔だ。天井がすごく高い。トイレが仕切りのないまま部屋の中にある。そしてそれは便座がない。イタリアでは便座がないのは普通なので気にしなかった。がよく見ると、水を流すところはとても小さく、網が掛けてあり、トイレではないようだ。これは日本に帰ってから聞いてみたら、ビデと

いって冬寒いときにシャワーを浴びないけれど股だけ洗う習慣のためにあるものなのだそうだ。そういえば高級ホテルには便器の隣にあったりする。トイレとシャワーは廊下にあって共同だ。シャワーつきだと一二万リラなのでここは節約することにした。

チェックインのあと昼食を駅のマクドナルドでとる。このあとはほぼ毎日マクドナルドで食べることになる。

時間があったのでメディチ家礼拝堂へ観光に行く。歩いても一五分くらい。天井画が素晴らしかった。

他に見るところもないので、惣菜屋で夕食を買ってホテルへ帰る。部屋でテレビを見ていると、日本のアニメのオンパレード。「Ｔｈｅかぼちゃワイン」「宇宙戦士バルディオス」「聖斗聖矢」はヨーロッパではどこでもやっている。日本では見たことはなかったが、同じ話を何度も繰り返し放送しているので、することもないので何度も見る。駅の売店でも日本の漫画をたくさん売っている。子供たちもポケモンは当たり前でデジモンもなかなかの人気だ。パリでは「うる星やつら」のＴシャツを着ている青年も見た。どこかの駅では明らかに偽物《にせもの》のピカチュウのぬいぐるみが堂々と売られていた。こちらの人たちから見た日本のイメージは、きっとアニメなんだろうなと思う。

夕方フロントに行くと、今度は英語のできる青年がいた。彼にユーロで払いたいと交渉する。向こうはどちらでも同じだというが、こちらはユーロで払いたいと主張する。青年はわざわざカード会社に電話をしてユーロで請求してくれるように頼んでくれた（でも日本で請求書を見たら、あんなに頼んだのにリラになっていた！）。

ところでここで「クアトロ」の意味がようやくわかった。一部屋八万リラだと思っていたら、一人八万リラなので二泊すると四倍よと言っていたようだ。三十二万リラをカードで払う。

今日は休館日！

八月六日　晴れ　イタリア　フィレンツェ

早朝からものすごい騒音で目が覚めた。部屋の下を見るとバキュームカーが三台も止まって作業をしている。まだ夜も明けていないのに。昨夜は部屋の下が長距離バスの乗り場でエンジンをふかしたままバスが何台も止まっていたり、どこからかバスが来てはワイワイガヤガヤと乗客がおしゃべりしながら降りたりしてうるさかった。朝も夜もうるさい。

朝食はカプチーノ、ジュース、パンでとても美味しかった。食後、ホテルの青年に部屋を変えてくれと交渉するが満室で空いていないと断られる。

八時半には観光に出かける。街を一望できる高さの「ジョットの鐘楼」に登る。子供料金はないが、窓口のおじさんが幸裕にバーの下をくぐりなさいと教えてくれておまけしてくれた。

細長い階段をいくつも上って行く。ここからはフィレンツェの町並みを一望できる。上から見るとフィレンツェはすべてが赤茶色の建物だ。この階段ですっかり足が疲れてしまった。でも我慢して楽しみにしていたウフィッツィ美術館に向かう。行ってみるとチケット売り場がわかりにくいところにあり、探してやっと買う。入り口もわかりにくく、入って一通り見てみるが、ボッティチェリの「ビーナスの誕生」もミケランジェロもラファエロもない。係員に聞くとここはウフィッツイ美術館ではないという。しかも今日は休館日だとかいう。よくガイドブックを見てみると確かに月曜日は休館日になっている。しまった。よく確かめればよかった。これではなんのためにフィレンツェに来たのかわからない。がっかりした途端に足が重くなった。ほかに見るところはないかと調べるが月曜日はほとんどが休館だ。今いるところだけが開いていたようだ。しかもガイドブックのウフィッツイ美術館と書かれている写真は、まったく違う美術館の写真であることもわかった。この写真の建物を目指してきたので違う美術館だと気がつかずに中に入って見学してしまったのだ。まあこの美術館もなかなかよかったが。こんなことだったら、昨日メディチ家礼拝堂を見ないでまっすぐこちらに来ればよかった。

仕方なく約六百五十年前に建造されたというベッキオ橋を歩いてみるがただの橋だ。残念な一日だった。暑いので氷を食べたいと幸裕は言うが、値段が表示されていないので注文するのが難しい。あまり現金はない。幸裕は、

「値段を聞いてみればいいじゃない」

と言う。

「イタリア語ができないからやだよ」

と答えると、

「イタリア語もできないのにヨーロッパに来たのかヨ」

と怒られてしまった。だって英語が通じると思っていたんだもの。

昼食に食べたスパゲッティがおいしかったのが救いだった。こちらはすでに大量に作って置いてあるスパゲッティを取り分けて、電子レンジで温めて出すのが一般的なようだ。

幸裕はスパゲッティがおいしかったようで、昨夜と今日の昼と夕食は、すべてミートソース・スパゲッティだ。

おいしそうなフルーツポンチが駅の近くの惣菜屋に置いてあるのが、気になっていた。帰りに立ち寄って食べた。こちらでは暑くて乾燥しているからかフルーツがおいしい。

実はスイスでメールを家に出してから家に連絡をしていなかったのを気にしてはいたのだが、毎日観光と生活するのに忙しく、電話の掛け方もよくわからず、公衆電話の周囲には怪しそうな人がたむろっていたりしてなかなか電話ができなかった。だが、フィレンツェ駅のビルの商店街に日本語入力ができるインターネットカフェを見つけて、ホテルに戻る前に久しぶりにメールを打つことにした。

まず受信メールを調べてみると、夫から二通ほど「いまどこメール」が入っていた。しかもこちらのパソコンでは、日本語の表示ができないと思ったのか（通常は日本語の入力はできないが表示はする）、ローマ字で心配してるとの文章が入っていた。日本語で返事を打つ。幸裕は隣でパソコンを使っている女の人のことを、

「この人日本人だよ。日本語を使っているよ」

と小声で教えてくれた。でもしっかり相手には聞こえていて、

「日本人だよー」

と笑われてしまった。

午後はホテルで小便小僧のトランプでポーカーをやって時間を潰した。ベルギーで買った小便小僧のトランプが役に立っている。テレビでは「ルパン三世」をやっていた。あと「タイガーマスク」と「クリーミーマミ」。夕食は買ってきた惣菜だ。テレビを見ながら食べる。

廊下の共同シャワーを浴びるとき、幸裕は面倒なので部屋で裸になってタオルを巻いて行かせた。

部屋はロビーのすぐ隣でフロントからは丸見えの上、フロントのカウンターは喫茶もかねていて二人の客がカウンター前に座ってホテルの青年と話をしながらコーヒーを飲んでいた。行くときは誰もいなかったのに、帰ってくるときは三人もいてその横を通るのは、幸裕にも恥ずかしかったようで、すごい勢いで部屋に入ってきた。もちろん気がつかれないわけはないのだけれど、子供だからいいか。私はしっかりと服を着てシャワーへ行った。

夜寝るときに、明日のナポリで無事にホテルがみつかるかどうか少し心配になった。心配していると眠れなくなるのでなんとかなるさと忘れることにした。

喧騒の街でホームシック

八月七日　晴れ　イタリア　ナポリ

今日も朝食にカプチーノをおいしくいただく。ここは外がうるさいところを除けば、とてもよいホテルだ。名残惜しく出発する。

次はナポリだが、到着してからのあまりの町の怪しさと騒々しさに驚く。道路を渡るときは、突っ込んでくる車を強引に止めて歩かなければならないので命がけだ。歩行者優先の概念はないようだ（だからといってわざと轢くことはないだろうが）。

駅前を数メートル歩くだけで、道の脇にずらりと並んだ黒人たちの注目を浴びて疲れる。なんでこんなに黒人が多いのか。露店を出し、いろいろなものを売っている。ただ立っているだけの人もいる。電車に乗っていたお金持ちの人たちはどこへ行ったのかと、駅の方を振り向くとどうやらバスやタクシーでリゾート地にさっさと向かったようだ。あまり歩きたくないのですぐそばのホテルで部屋はあるか聞く。私たちの前に、部屋を聞いていた中南米系カップルはシングルがあるかどうか聞いていて断られていた。私たちはダブルの部屋を聞く。幸い部屋は空いているという。三泊分部屋を予約する。一泊十二万リラと格安なのにバス・トイレ付きだ。ここでも「ユーロ」を連発する。一番驚いたのがエレベーターが有料だということだった。コインをいれると動く。フロントの人がコインを入れてくれたので部屋のある三階まで難なく行けた。

部屋は大通りに面していてなかなか開放感があっていいが、建物がとても古くてちょっと怖い。ベランダに出て景色を見てみると、ヴェスヴィオ山を望むことができる。ポンペイを灰で埋めた山だ。いまでも活動している。

外に出て町を見学するが暑い。家に電話をしていないので掛けたかったが電話のそばには必ず黒人が立っていて、電話に手を掛けていたりする。悪気はないのかもしれないがその人を押しのけて、あるいはどいてとお願いして電話を掛ける元気はない。

物価を調べてみるが、イタリアを南下するにつれて水や食事の値段はだんだんと安くなっている。水は一〇〇〇—一五〇〇リラの開きがある。パスタは二四〇〇—三〇〇〇リラまで幅広い。高いところは注文を受けてから作るが、安いところはあらかじめ作ってあったりする。こちらもだんだん仕組みがわかってきた。夕食は慣れているマクドナルドに入る。ナポリというだけにナポリタンを食べてみたかったが（本当にあるのかわからないが）、お金もないし、幸裕はチーズバーガーとフライドポテトをいつも食べたがった。いくらかかるかわからないレストランよりは、マクドナルドがやっぱり安心だ。

ホテルに戻ってきたときに気がついたが、ホテルの名前は「SAYONARA」だった。多分日本には何の関係もないと思うけれど、ちょっと嬉しかった。

夜、息子が寝息を立てている横でなかなか寝付けない。激しいホームシックにかかった。日本に戻りたい。戻れるだろうか。チケットを変更して、ホテルをキャンセルして。あれこれ算段をしてみるが、この旅行の一番の目的はイタリアを見ることだ。ここまできて見ないで帰るのはもったいない。帰りたいがもう少しなので頑張ってみよう。そう決心する。

カプリ島の青い海

八月八日　晴れ　イタリア　ナポリ

このホテルは安いだけあって朝食は付いていないようだ。食事をする場所もない。仕方なくお金をケチってエレベーターは使わずに階段を下りて外のカフェへ行く。イタリアの立ち食い屋のパン屋は買い方が難しい。まずレジで食べたいものの名前を言ってお金を払う。レシートをもってカウンターへ行き、レシートを見せてまた注文を繰り返す。こちらはイタリア語は読めないし、言えないし一苦労だった。レジに座っているサングラスの女性（店員がサングラスを掛けて接客するなんて日本で考えられるだろうか?!）

にカウンターのパンを指差して「ウノ」を連呼する。飲み物は英語で注文。カウンターに座って食事をする。幸裕はボロボロとパン屑を落としながら食べる。カプチーノは味に酷があって美味しい。それにしてもヨーロッパに来て飲むコーヒーはことごとく美味しい。値段もそんなに高くないのに。

なんとか腹ごしらえはできたがなぜか疲れる。こちらの人は忙しく入ってきては出て行き、落ち着かない。皆仕事へ行く前に買って行くようだ。会社へ行ってから朝食を取るのだろうか。それとも昼食用か。

ホテルに戻るとフロントの青年がエレベーター用のコイン二〇〇リラをくれた。親切だ。今日はカプリ島へ行く予定だが、港への行き方がよくわからないのでこの青年に聞く。すると前の道路から港へ行くトラムが一番か五番から出ていると言われた。

一旦部屋に戻って支度をして外へ行き、言われたほうへ歩いていくがトラムの乗り場が見当たらず結局三〇分ほど歩いて港まで行ってしまった。

近くにあった王宮をのんびり眺めたり写真を撮ったりしていたからか、船乗り場へいったらカプリ島行きのフェリーが丁度出たところだという。しかも次は二時間後！　あまりのショックに声も出なかった。

とりあえず落ち着こうと思い、店に入り、暑かったので売店で一・五リットル入りの水を買ったが一口飲んだらガス入りだった。二重にショックを受ける。ガス入りは不味くて飲めないのだが、もったいなくて捨てられない。カフェでジュースを飲みながら休んで見ていると、別の窓口でチケットを売っているのに気がついた。よく見るといろんな会社の窓口があって、それぞれカプリ島やマルタ島などの島へ船を出している。自由競争なのか。日本では考えられない。たいていはどこかの独占になっているのに。空港にある飛行機会社の並んだカウンターを想像すればわかりやすい。

時刻表を調べてみると、どうやらすぐに出るフェリーがあるようだ。三〇分ほどすごい行列に我慢して並んだ。こちらの人たちも我慢強い。ものすごい日差しなのに黙って待っている。ようやくチケットを購入してフェリーに乗れた。満員だ。島まで四五分。

同席になったおじさんにピスタチオをもらう。トルコか中東系の一族で、家族旅行のようだ。おばあさんが幸裕を、

「かわいい、かわいい」

とほめてくれた。おじさんは財布から子供の写真を取り出して孫だと見せてくれた。お孫さんと幸裕の年が近いので親近感があったようだ。お陰で四五分間飽きずに済んで楽し

くて美味しかった。親切にありがとう、おじさんとおばあさん。

島に着くと早速、青の洞窟行きの窓口に並ぶ。しかし様子が変だ。しばらく並んでいると係員が、今日は風が強くて終わりだと言っている。私たちの直前に出ていった船が最終だったという。三度目のショックだ。来られる日は今日だけなので、明日また出直すというわけにもいかない。何のために四五分も船に揺られてきたのか。あきらめきれずに港の周りをぶらぶらと歩く。するとまた青の洞窟と書いてある窓口があった！　ここも自由競争のようだ。中のおじいさんに青の洞窟に行くのかと聞くと、おお！　青の洞窟！　と大喜びでカタログの写真を次々と見せてくれた。やった！　行けるんだ！　と喜んでお金を払い、早速案内されたフェリーに乗った。客はまあまあ乗っている。わくわくしながら船が動くのを待った。しばらく進んで青の洞窟の横に付くがいっこうに降りる気配がない。しばらく洞窟を見たあと、違うところへ行って変わった形の岩の周りを回ったりする。結局一時間かけて島を一周しただけだった。ああ残念。

船の中から港の桟橋の反対側にビーチがあるのを発見した。とにかくじっとりとした暑さなので幸裕は泳ぎたいという。幸いルツェルンで買った水着は持ってきた。幸裕は水着に着替えると波打ち際で海に浸かって遊びだした。私は砂浜に座ってのんびりと海を眺める。本当に真っ青な海と白い砂浜だ。黙って眺めていると高級リゾート地でリゾートしているのね、とちょっと優越感に浸れる。スイスとはまた違った良さがある。途中でお腹がすいたので海の家で特大ハンバーガーを買って食べた。幸裕は食べることも忘れて遊んでいる。

夕方になってようやく幸裕は海から出る。シャワーは売店横にあり、子供が係をしている。お金を渡すとコインに換えてそれを壁の装置に入れると一〇分ほどシャワーの水が出る。幸裕は頭や身体をきれいにしたつもりだったが、水が終わってさあ水着を脱ごうとしたらパンツの中がぜんぜん洗えてなくて砂だらけだった。さいわいもったいなくて捨てられずに持ち歩いていたガス入りの水があった。これを股に掛けて砂を流した。これがこんなことで役に立つとは本当に予想もつかなかった。そばで見ていたシャワー係りの子供の目が、びっくりして点になっていた。

またフェリーで四五分乗って帰る。帰りのフェリーの中ではアニメをずっと流していたので、幸裕は飽きずに済んだ。いろんな国の子供たちとテレビの前に並んで座って見た。言葉はわからなくてもドタバタギャグアニメなので意味はわかる。これは現地制作のアニメで警察学校の話だった。このアニメは私も結構気に入って楽しみにしてホテルでは何回か見た。

帰りも港から三〇分かけて歩いて帰る。朝は誰もいなかった通りにやっぱり黒人たちが露店を出して並んでいる。途中の売店でパンを買ってホテルで夕食を食べた。

憧れのポンペイ

八月九日　晴れ　イタリア　ナポリ

今日は楽しみにしていたポンペイへ行く。ずっと行きたかった場所だ。子供の頃、伝説だと言われていたポンペイを発掘した本を読んで以来、現地を見てみたかった。一度、品川でポンペイ展を幸裕と見たがそれだけでも感動だった。本物はどんなにすごいのだろうと胸をわくわくさせる。幸裕にもホテルのベランダから見えるヴェスヴィオ山を指差して、

「あの山が昔噴火して、その灰で一夜にして、埋まってしまった町だよ」

と教える。ナポリの街のその先にそびえる赤茶けた山肌をもつ本物の山を目の前にして想像するとすごい迫力がある。

ホテルを出るとき、昨日と同じフロント係の青年が、

「カプリ島へは行けた？」

と声を掛けてきた。

「ええ、行けたわ。ありがとう」

と笑顔で返した。気にしていてくれたのか。

ナポリ駅は国鉄と同じ場所の地下に私鉄が通っている。窓口にはポンペイへの案内も出ている。書かれている通り三番線で待つ。次にくる電車の行き先表示板が出ているがよくわからない。太った駅員さんが寄ってきて、ポンペイに行くのなら次の次に乗れと教えてくれた。私がガイドブックを見ていたからポンペイへ行くと思ったのだろう。何を言ったのか正確にはわからなかったが、多分すぐ来るのはポンペイの駅には止まらない特急なのだろう。乗らないでやり過ごしたら、また太った駅員さんが私たちがいるかどうか確認に戻ってきた。私たちの姿をみて満足そうだった。

四〇分間電車に揺られるがすごく車内は混んでいる。目的の駅で降りられるかどうかどきどきする。「ポンペイ・スカービ」駅に着く。人ごみを掻き分けて、なんとか降りる。乗っている人たちは別に観光客ではなかったようだ。

ガイドブックには中には売店がないと書いてあるので、駅の売店で水の一・五リットル入りを買う。ついでに駅のトイレを借りる。ポンペイの入り口まで行くと、予想通り中のトイレはすごい行列だ。窓口で入場券を買う。十八歳以下は身分証明書があると無料と書いてある。幸裕はパスポートのコピーを見せると無料になった。

いよいよ中に入ると暑い日差しの中、どこまでも砂にまみれた赤茶色の建物が並んでいて広い。おもしろいことに通路は川（下水）になるように、まんなかが窪んでいる。しかも歩道部分のほうが狭い。これで通路を馬車などが走れるのか不思議だ。地図を見ながら歩くがよくわからない。昔の競技場だった劇場はすごく広く、二〇〇〇年前に自分がいるかのような気持ちになるほど、現代を感じさせるものはない。散々歩き回っているのに、幸裕は足が痛くないのか元気に劇場中を走り回った。

街中を歩いていくと金持ちの家が時々ある。壁画も美しくて当時が偲ばれる。しかし出土品の多くは国立美術館にあるという。ここではひたすら建物を見るだけだ。たまに置いてある美術品はレプリカがほとんどだ。

二時間ほど歩いてすっかり足が疲れる。お昼も食べずにひたすら猛暑の中を歩いて空腹で苦しくなる。中に売店はないと書いてあったのでとにかく外へ出て何か食べようと、必死に歩いていると、目の前に突然レストランが現れた。狐につままれているようでなんだかさっぱりわからない。看板も何もなく、建物も周りの遺跡と同じ外観だ。目の前まで来ないと店だとわからなくなっている。地図にも載っていない。でもとにかく助かった。

幸裕は短いパスタのトマトソース。私はライスのサラダ。大きなスイカも一切れ分買うが、ほとんど幸裕が食べた。一息つくことができた。

出口に向かって歩き出す。幸裕が看板を見て、

「こっちじゃない」

と言うが構わず歩いていくと入り口に来た。ここから出られるのかと思っていたら、そこにいた作業員に、

「ここからは出られないよ」

と教えられた。幸裕は、

「だから言ったじゃないか」

と怒り出す。

「バカバカ」

と繰り返しながらバンバン私を叩く。

「恥ずかしいからやめなさい」

とたしなめるまで叩かれた。全然痛くないけど。

また私鉄に乗ってナポリまで一旦戻り、今度は別の会社の地下鉄に乗って博物館まで移動する。二時半ごろ到着するが、半分くらいは午後二時で閉鎖と表示されている。ここでは少しポンペイの出土品が見られる。特にモザイクで作られた壁画は美しかった。しかしどんどん部屋を閉鎖していく。よくわからないところだ。ほとんど見られなかったのでお金を返してほしいくらいだ。一時間も見ていない。損した気分でナポリまでまた戻る。

駅で電話をしようとしたがクレジットカードで掛けるようだ。ところが持っているクレジットカードの暗証番号を忘れていた。幸裕は、

「早く掛けてよ」

とせがむが、

「暗証番号を忘れて使えないよ」

と言うと、

「えー」

と不満そうだ。売店でプリペイドカードを買う。自宅に電話をすると留守電のメッセージが流れる。

「タダイマルスニシテオリマス。ピートナッタラメッセージヲイレテクダサイ。ファックスノカタハスタートボタンヲオシテクダサイ。ピー」

と、悠長にテープが回る。その間にいったいいくらかかったのか。ほとんどメッセージは残せなかった。まあ生きていることさえ伝わればいいか。電話をしたのはベルギー以来だ。

夜はナポリのマクドナルドでまたハンバーガーを食べる。せっかくのナポリなのにナポリタンを確認する機会がない。

お金の誤解に気づく

八月十日　晴れ　イタリア　ローマ

ヨーロッパ滞在も残すところあと三日だ。長かったような短かったような。

騒々しかったナポリを離れローマへ。ローマはやはり大都会だ。店はたくさんあるし、街がきれいだ。探せばいい店はあったとは思うが、ナポリでは碌なものが食べられなかった。でもここなら食べられそうだ。日本から予約していったホテルも駅の近くですぐに見つかった。チェックインして荷物を部屋に置く。今度のホテルはエアコンが付いていた。期待していなかっただけに一番嬉しかった。これで夜も楽に寝られる。

ほっとしたところで喉が渇いて果物が食べたくなった。駅前の通りに店がいくつかあったのでそこで食べる。お腹が満足したところでお土産を買いにデパートへ行く。地図を見るとすぐ近くに三越があるので歩いて行く。

そこですごい発見というか、自分の大誤解がわかった。日本語で書かれたリラの計算方法が大きく掲げられていたのだが、それによるとリラの計算方法をずっと間違えていたのだ。リラ表示の数字を一七（為替で変動する）で割ると日本円になると説明が書かれて掲示されていた。いままでリラを一〇〇で割って一七を掛けていた（じゃ五って何?）。すごい間違いだ。今までの買い物を高い高いと思っていたが、実は高くなかったということだ。リラとユーロもほとんど同じ額になる。

嬉しくて夜はレストランに行くことにした。まだ五時だというのに早々に店を探しに外を歩いているとどこもまだ準備中だ。どうしようかどうしようか、とうろうろしていたら数人の女たちに取り囲まれた。すっかり油断していた。段ボールで手元を隠しながら、

「マネー、マネー」

とにじり寄ってくる。若いのから年配までいる。赤ちゃんも抱っこしている。これが噂

の子連れスリ集団か。無事追い払って、開いている店に入る。といってもテーブルは歩道においてあるから正確に言うと外か。さっきの女たちがまた来ないかとドキドキしていたが、幸裕が、

「向こうへ歩いていったよ」

と教えてくれた。振り向くと警官が歩いている。それで場所を変えたのだろう。しかしこの三週間の旅で危険な目に会ったのは、これが初めてなのは運がいいのか。

運命について考える

八月十一日　晴れ　イタリア　ローマ

今日の午前中はオプショナル・ツアーで市内観光をする。ロビーにガイドがピックアップにくるので待っていると、イタリア人の女の人が迎えに来た。ついて行くと歩いて三分のところにツアー会社のオフィスがあった。

バスに乗ってまずトレビの泉に行く。右手にコインを持ち左肩越しに一つコインを投げると再びローマに戻れる。二つだと好きな人と結ばれて、三つだと嫌いになった恋人と別れられるらしい。幸裕は、

「当然一つだよね」

と言い、二人で並んで一つ投げた。

パンテオンでは丸くあいた天井から差し込む日差しを利用した日時計と入ってきた雨を吸いこむ大理石の床に感動する。そして約二百年前にイタリアを統一・建国した人の棺が安置されているのにびっくりした。幸裕は外に建っていたオベリスクに感動する。ベネチア広場で大判のスカーフを買った。バチカンのサンピエトロ寺院ではノースリーブだと教会に入れないとガイドさんから教えてもらったのでそのためだ。

バチカン市国に憧れていたので、バスで入ったときは嬉しかった。ローマとバチカンの境は特にないようだ。先にバチカン市国の土産物屋でお守りの十字架のペンダントヘッドを買う。一八金製だ。神学校の生徒が一つひとつ手作りしているとのこと。刻印されているPは平和のPeace、アルファとオメガは人生の初まりと終わりを意味するという。つまり一生ずっと幸せでいられるそうだ。裏側は現ローマ法王の肖像画が彫られている。

ツアーはサンピエトロ寺院を遠くから眺めて終わりで帰路につくが、ここで別れて自由解散もできる。私たちはバチカン美術館に入りたかったのでここで別れる。帰り道は何とかなるだろうと軽くというよりほとんど考えずに決めた。今日は土曜日で一二時三〇分には閉まるので急ぐ。中ではやはり、システィーナ礼拝堂にあるミケランジェロがよかった。

バチカン美術館からサンピエトロ寺院までの途中に中東系のおじいさんが楽器を演奏して、八、九歳くらいの男の子がお金の入れ物をもって通行人に差し出していた。幸裕は、

「大変だなあ」

と言うので、

「あんたがあの子供だったらどうする？　できる？」

と聞くと、

「えー」

と言って黙ってしまった。でもその男の子は誇らしげだった。おじいさんの演奏に自信があるのだろう。大道芸人は物乞いではない。

パリやイタリアでは、たくさんの道端に座る人を見かけた。ほぼ全員女性だったのが気になった。どうして道に座っているのだろう。これからどうするのだろう。ただ座っているだけの女性たちは皆悲しく絶望の表情をしていた。パリで見かけた小さい子供を無表情で抱いている女性。フィレンツェで見かけた、たぶん行方不明になったのであろう子供の写真をそのひざの上に載せて涙顔で座っていた女性。ベネチアではマリアの絵カードを並

べて座っていた老女。誰も助ける人はいないのだろうか。私も自分自身がもし彼女たちの境遇だったらどうしたらいいのかと思いを馳せる。それに比べれば大道芸人は立派な職業だ。

ものすごい人混みの中、人を掻き分けて今度はサンピエトロ寺院のクーポラに上るための行列に加わる。寺院の敷地に入るときには服装チェックがある。露出度の高い服では入れない。ベネチア広場で千円くらいで買ったスカーフを羽織ると入れてくれた。男性は帽子をとり、半ズボンはだめ。幸裕は子供なので半ズボンでも入れた。

クーポラ行きのエレベーターに乗るまで三〇分も待つ。エレベーターは天井のドームの下までしか行かないのでそこからは長い長い階段を上る。これが永遠に続くのかと思うくらいの階段だった。一方通行なのだが途中で引き返してくる人もいる。頂上付近まで来ると天井も低くドーム型の屋根に合わせてカーブしているので皆身体を斜めに傾けて歩かなくてはならない。幸裕は疲れも見せずに楽しそうに上っている。しかしやっとの思いで頂上に上り、風に吹かれてバチカンとローマ市街を一望していると、疲れたから帰ろうとぐずぐず言う。さっきまでの元気はどこへ？

下りるのも一苦労。そのあと寺院の一階でミケランジェロのピエタ像を探すが、広くて

薄暗くてよくわからない。すると幸裕が、

「あれじゃない？」

とくらがりを指す。言われてみてもガラスの中にあって暗くてよく見えない。こんなものかとちょっとがっかりする。

この後はいよいよ最後の真実の口を見に行こうと思ったが、地図を見ると随分遠い。タクシーで行くしかないが、タクシーはなかなか来ない。タクシー乗り場があるので待っていたが、バチカンでは順番を守る習慣はタクシーに関してはないようだ。空車が来ると、我先にタクシーに殺到して、運転手に行き先を言わなくてはならない。これではずっと乗れないのじゃないかと心配したが、幸裕が猛ダッシュで他の客を出し抜いて奪取してくれた。こんなに積極的な子だったとは知らなかった。引っ込み思案の恥ずかしがり屋という認識は捨てなければいけないようだ。運転手のおじさんと料金の交渉をして乗り込む。二〇分ほどで到着だ。タクシー代を払ったら、また現金が残り少なくなってしまった。

教会の中ではみな順番に並んでいる。なんだろうと見てみると、皆真実の口に手を入れて記念写真を撮っている。私たちも並んで待つ。順番がきたので、後ろに立っていた青年に写真を撮ってもらえるかと頼んでカメラを渡した。後ろの人はさらに後ろの人に写真撮影を頼む。こうして助け合って写真を撮るのは気持ちがいいものだ。

さてここからテルミニ駅にどうやって行けばいいのか困った。車に乗ってしまうと方角もわからない。タクシーが客待ちをしているので聞いてみるが、断られた。予約車なのか。馬車を引くおじさんだけが口笛を吹いて呼んでくれるが、馬でテルミニ駅までは、行ってはくれないだろう。お金もいくらかかるやら。地図を穴が開くほど眺めているとおぼろげながら位置がわかってきた。地下鉄のマークがあったのでそこまで歩いてみることにするが、ものすごい暑さの中、日差しをさえぎるもののない中でひたすら歩くのはつらかった。三〇分たっぷり歩いてもう少しで駅というところでおいしそうな果物屋の屋台があった。山積みのスイカに誘われてスイカとメロンの盛り合わせを買う。甘い汁が喉を潤す。イタリアではパンやパスタばかり食べていてビタミンが足りないからか、空気が乾燥しているからか、果物を食べたくてしょうがない。椅子が置いてあるので、足を休めるために座って食べた。ローマでは露店の店員は中東系ばかりだ。果物屋は、二十歳そこそこの青年だった。口いっぱいにスイカをほおばる幸裕に、

「美味しい？」

と笑顔で聞いてきた。

一息ついたところで地下鉄に向かって歩き出す。改札には人気がなく、切符の自動販売機の使い方がわからないのに教えてくれる駅員もいない。まごまごしていると別の乗客がやってきて教えてくれた。優しいおじさん。そしてそれとは対照的な、後ろにいた不機嫌な顔の奥さんらしき婦人がちょっと怖かった。おじさんのことをにらんでいた。

テルミニ駅に着くと、やっと日本に電話ができた。三週間ぶりにパパの声を聞くが懐かしくてなぜか恥ずかしい。ずうっと電話がなかったので心配だったと言われた。

「声が聞きたくて留守電に入っていたメッセージを何度も聞いたよ」

と言われた。ごめんね。

駅の外のマクドナルドで夕食にする。日本では一万円札を出すと、

「一万円入りまーす」

と叫ばれるが、こちらでは二千円程度でマネージャーに確認するために叫ばれてしまった。二千円で高額なのか。

ホテルに戻ってホッとする。明日でついにこの旅も終わるのだ！

最後までトラブル

八月十二日　晴れ　ローマからパリ、そして成田へ

本来オランダ航空を使ってヨーロッパに来たのだからローマからアムステルダムまでオランダ航空で乗り継いで帰らなくてはならないし、その予定でチケットも購入していた。テルミニ駅から空港へ直通運転している電車で三〇分。ここまでは全く順調であった。ところが空港のチェックインカウンターで予定していたアムステルダム行きが運休になったと言われる。しかしこちらもすでに運休や遅れには慣れっこになっている。代わりにエールフランス航空を使ってパリ経由で成田に行ってくれと言われた。日本に帰れるのなら何でもいい。私の頭の中は免税の書類に税関でスタンプを押してもらうことで一杯だった。パリで押してもらえればそれでよい。オランダ土産の木靴の置物を買いたかったのだがあきらめることにした。残念だった。搭乗時間まで免税店で買い物をしながら待つ。幸裕は店のワゴンにあるドラゴンボールのおもちゃを眺めている。ヨーロッパでドラゴンボールをずっと見ていたので、日本で見たことのなかった幸裕もすっかりファンになってしまっていた。しかしセールになっているが日本で買うよりずっと高い。わざわざイタリアで買うものでもないので、日本で買ってあげるからとあきらめさせた。

乗った飛行機はパリへ向かうが、時間が遅れたようでパリで降りると迎えの職員が待っていた。すぐマイクロバスに乗れという。

「えっ！　スタンプは？？？　スタンプ！！！！」

と心のなかで叫ぶが、次の便に遅らせないよう必死の職員たちにそんなことは言えない。すぐ次の飛行機に乗せられて結局スタンプは押してもらえなかった。わずか三千円くらいなのだがすごくがっかりした。

すでに他の乗客が中で座って待っている飛行機に乗るが、荷物の積み込みに時間がかかっているので出発は遅れると繰り返しアナウンスを流し、なかなか飛ばない。私は心の中で荷物を積み忘れないようにしっかり確認してね、とつぶやきながら気長に待った。スタンプのことの方がショックだったのだ。

行きの飛行機の中で食べ損なった夜食のカップヌードルを、今度は食べられたので少しショックが和らいだ。単純だ。

成田に着くと職員に呼び出されて、

「荷物を積み忘れました」

と告げられる。何のためにパリで待ったのか。でも結局重いトランクを運ばないで済んでよかった。荷物はその日の夜に自宅まで届けてもらったのだから。

エピローグ

三週間ぶりの日本はもちろん変わりはない。日本語が通じるのはとても楽だ。身体は少しやせたし、お金は予想以上に使ってしまったが、この三週間でお金にはかえられない経験や勇気や外国の人々との交流を手に入れることができた。

幸裕もよく三週間ついてきてくれた。きっとあとでこの旅行の本当の価値に気づいてくれるだろう。そしてこの本を読んでくださったあなたが、もしも結婚したり、子どもを産むことは自分の夢をあきらめることだと捉えているのなら、結婚しても子どもがいても夢を実現できる、だからあきらめないで、と伝えたい。それが今回の旅行で一番実践したかったことなのだが、なんとか果たせたようである。

私は当初の目的であったヨーロッパの人たちの暮らしぶりが理解できたし、幸裕はもどってから、

「僕って不幸」

のフレーズは決して言わなくなった。これが一番嬉しかった。

私もヨーロッパの物乞いの女性を見たのは衝撃だった。日本に生まれて幸せだということをあらためて実感した。

ヨーロッパに行ってどうだったかと幸裕に聞いても、

「何も変わらないよ」

と答えるが、意識の奥深いところでは確実に変化があったと確信している。

そして最後に私のわがままを許してくれて、旅行の間中心配してくれた夫にあらためてお礼を言いたい。最後の一週間はゆっくり休みたくて実家に帰ってしまったので、四週間もほったらかしてしまった。

なお、四週間ぶりに出社した会社では四週間分の仕事が私を待っていた。特に大きな問題はなかったのでよかった。留守を預かってくれた社長と部下に感謝しつつ、しばらくは残業に励むことになった。

こうして子供が生まれてから今までをあらためて振り返ってみると、無気力な人間だった私が子供を産むことで力をもらえたように思う。幸裕が赤ちゃんだったときには、

「この子とならば世界中どこへでも行ける！」

といつも心の中で叫んでいた。このとき感じたことを九年たって少し実現できてよかった。こんなにエネルギーをくれる子供ってすごい存在だと心から思う。

専業主婦からパートタイマーになり、子供を育てながら正社員として働き続けることができたことがなんだか夢のように思うこともある。もう一度初めから繰り返せるかと聞か

れたら、そんな気力はもうないと答えるだろう。でも渦中にいるときは毎日必死でこなしているのでなんとかできてしまうかもしれない。人との出会いやめぐり合わせは予測できない。あまり頭の中だけで考えず行動してみるほうが、結果としてなんとかなってしまうものかもしれない。

著者プロフィール

こにし 桂奈（こにし けいな）

某私立大学法学部を卒業後プログラマーになる。

出産のために退職後は２年間専業主婦。

日系のLSI設計製造会社の事務パートから外資系半導体設計会社にパートで転職。後に正社員になる。

現在は人事担当総合職として、採用・研修・人事評価制度制定などに携わっている。

夫と息子の３人家族。川崎市在住。

人生の夏休み —子どもと行く21日間ヨーロッパ旅行—

2003年10月15日　初版第１刷発行

著　者　こにし 桂奈
発行者　瓜谷 綱延
発行所　株式会社文芸社
〒160-0022 東京都新宿区新宿１－10－１
電話 03-5369-3060（編集）
03-5369-2299（販売）

印刷所　株式会社平河工業社

ISBN4-8355-6417-0 C0095